做什麼都不開心時……

想到「做點什麼」就覺得累，紓壓放縱後反而低落？
鬆綁你人生中的「我應該」與「我必須」。

大是文化

自己肯定感が高まる うつ感情のトリセツ

諮詢超過15,000名患者
治癒率高達95%的心理諮商師

中島 輝 著
楊詠婷 譯

CONTENTS

第1章

別讓你的堅強，變成無謂的逞強 41

第2章

人生既是此，也是彼

第3章

鬆綁人生所有的必須

第4章 不是脆弱，而是真的受傷了

推薦序

當情緒來敲門，你也可以自我療癒

諮商心理師／蕭婷文

作者中島輝，是日本知名心理諮商師，他從累積多年的諮商經驗當中，統整出這本談論「憂鬱情緒」的書。在書中，他除了以「有壓力，但還不到憂鬱」，道出每個人都會出現的感受，亦透過各種不同面向的生活情境，引導大家整理心緒。

回想近期，你會在獨自回家的路上感到悲傷嗎？或是明明是在聚會，一股強烈的寂寞感卻突然來襲？其實，這些都是情緒來敲門了。

辨識情緒，是梳理自己很重要的第一步，所以，我們可以**先從接納自己的憂鬱情緒開始**——如果出現了莫名的低潮、對本來喜歡的事物都提不起勁，或是對於他人的言行變得敏感，就是一種明顯徵兆。

憂鬱情緒會在人生的各個角落不斷出現，如果不去正視它，很容易就會開始累積，甚至導致情緒受到長期壓抑。然而，即便我們能繼續正常生活，但當積累的壓力爆炸時，很可能就會陷入憂鬱。

所以，**我們不能輕忽憂鬱情緒，每一種心情都需要被辨識與處理**。

這本書就像是一位摯友，每一篇都針對你心中有點壓力、有點介意，甚至是長久以來的困擾，分析並提供具體的解決方法。本書中，有許多內容都讓我很有共鳴，而且當這些感受被接住了，我也會因為不是自己太過敏感或是想太多，而感到踏實。此外，透過反覆翻閱，不僅能讓你轉變想法、行為，也能進而讓心靈獲得釋放。

憂鬱情緒就像是內心的陰雨天，我們無法阻止下雨，但可以為自己設置個躲雨的安身處，等待雨過天晴。**如果你的內心也有許多窒礙難行的感受與情緒，那就翻開這本書吧，你將會獲得適當的指引**。

前言
有壓力，但還不到憂鬱

「最近越來越常陷入沮喪或是焦慮。」
「什麼事情都不想做，總覺得很累。」

如果你是因為這樣而拿起這本書，那麼你可以放心了。因為在**你覺察到自己的狀態並試著去接納，甚至往前踏出一步時，你的內心就已經踏上自我療癒的道路**。

現在的你，是否正被鬱悶籠罩著，對未來感到茫然不安，或是人際關係不順利，讓你整個人處在疲憊、孤獨與焦慮當中呢？

我將這種**「有壓力，但還不到憂鬱」**的負面情感，稱之為**「憂鬱情緒**[1]**」**。

雖然在日本目前尚未有確切的統計資料，但是以我每個月透過講座或諮詢，為六百人進行心理治療的經驗，近幾年為憂鬱情緒所苦的人確實已大幅增加。

不過，由於情緒本身就難以界定，因此許多人即便內心飽受折磨，卻依舊不知如何說出口，只能一再忍耐。

但是，我要再說一次，在你拿起這本書的同時，就代表你已經「沒事了」。

最重要的是，**我們能理解任何情緒的存在，其實都有它的意義，然後允許這些沒來由的不安或負面情緒，接納自己、認同自己**。如此一來，作為我們生命能量來源的自我肯定感，自然就會隨之提升。

因此，我將在這本書揭開每個人心中都可能經歷過的憂鬱情緒，並根據各種不同的問題，列出具體的解決方法；只要閱讀符合自身狀況的內容，自然就能消除心中的憂鬱情緒。

大家也可以把這本書當作使用說明書（每小節以Q&A開頭，後面接著解說情緒與方法），大致先瀏覽目錄後，再依自身狀況選擇合適的章節。

生命中的每一件事，都擁有它極為美好的意義。

即使你現在正經歷磨難、悲傷、痛苦與絕望，我依然相信前方必定存在著希望，這也是我接下來想傳達給各位的信念。

1 Depression，憂鬱症會讓患者無法正常生活，而憂鬱情緒則是指短暫的情緒低落。

序　章

當你做什麼都不開心時

1 疫情收斂了，情緒卻蔓延

「之前明明還ＯＫ，但最近只要發生一點小事就很低落。」

「經常為一些沒必要的事情感到焦慮。」

「總覺得身體很疲倦，一到假日就只想躺平。」

現在，像這種莫名的憂鬱情緒，已越來越多見。

自新冠肺炎在世界大幅蔓延以來，在日本罹患憂鬱症或出現憂鬱狀態的人，就增加了兩倍以上。

二〇一三年，日本的憂鬱症患者約占七．九%，但到了二〇二〇年卻大幅增加了二．二倍，也就是一七．三%。放眼世界各地，也是如此[1]：美國增加至二三．五%（三．六倍），英國則是一九．二%，大約成長了一倍（經濟合作暨發展組織〔OECD〕調查）。

其中，又以心理及經濟上較不穩定的年輕世代、失業人士及兼職工作者影響最甚，往後還可能會波及到中層階級。

而根據我每月為六百人提供諮商的經驗，也證實了這一點。

許多人開始莫名感到不安與自我否定，並為整日忙碌工作感到空虛與孤獨；而面對新冠疫情，除了孩子因學習環境的變化變得浮躁，也造成不少家長的困擾。此外，公司組織與團隊氣氛低迷，再加上人才培訓系統受到衝擊，導致業績成長停滯不前，也讓越來越多的經營者苦惱不已。

1 在臺灣，憂鬱症盛行率達三%~八%、憂鬱症前期的憂鬱情緒者，更高達二五%，等於每四個人中，就有一人是憂鬱情緒者。

根據神戶兵庫縣心理照護中心的加藤寬醫師表示，大規模疫情爆發之後，憂鬱症或出現憂鬱狀態的人數之所以急速增加，主要有以下三個原因：

①對病毒感染的不安

對病毒這種未知的危險感到恐懼。由於無法鎖定感染源且難以採取具體對策，因此導致不安如滾雪球般膨脹。

②環境的變化

例如：防疫隔離措施反反覆覆、家庭群聚增加等環境變化。再加上經濟上受到嚴重衝擊，即便疫苗覆蓋率已大幅提升，但瀰漫於社會中的一股不安與壓抑感，依然容易引發人們的負面情緒。

③負面資訊

媒體上充斥著各種負面的資訊及報導，從而引發人們內心的不安。

綜合以上所述，或者我們可以說，現在每個人都可能是潛在的憂鬱情緒族群。

2 人生不是考試，沒有正確答案

另一個原因是，每個人對事情的認知也不盡相同。

舉例來說，年輕階層、壯年和老年世代，他們對防疫政策的認知就不一樣；而服務業、觀光業、銷售業、製造業、醫療社福與教育機關等，人們的需求也會依職業的不同而出現差異。

也就是說，除非成長背景很相似，否則根本無法理解彼此的煩惱，尤其在人際關係日益複雜下，往往只會徒增壓力而已。

如此一來，會發生什麼事？

當人生沒有所謂的正確答案，就會出現與他人過度比較的問題。

「真好，別人都能在家上班，哪像我這麼倒楣……。」

「那些電視上的名人每個都很有錢，所以當然沒問題啦……。」

像這樣，當我們沉浸於這些想法，並使情緒越來越低落時，自我肯定感就會降低（相信自己擁有生存的能力，以及獲得幸福的感受）。

這時，提升**自我肯定感的兩個關鍵，也就是「認同自己」（接受原本的自己）與「信任自己」（對自己的信賴）也會隨之降低，進而讓自己陷入不斷與他人比較的惡性循環**。

事實上，早在疫情之前，日本一項針對孩童與年輕人的調查就發現[2]，「喜歡現在的自己」的人約占四六・五%，而認為「自己非常糟糕」的人則占四九・九%。

---

2 日本內閣府「孩童、年輕人的自我認同相關調查（令和元年）」。

換句話說，現代人的自我認同普遍偏低，而**大規模的疫情又讓人們的自我肯定感變得更加低落**；此外，也有人認為俄烏戰爭[3]新聞，也是引發現代人情緒問題的來源之一。

3 陰鬱的鬱，下一步就是憂鬱

憂鬱症是一種會因長期處於情緒低落，而逐漸喪失欲望，並對日常生活造成強烈影響的疾病。

嚴重的時候，甚至會讓人萌生「活下去也沒意義」、「很想死」的念頭。

不過，**本書所探討的憂鬱情緒，是指「有壓力，但還不到憂鬱」的情況**，也是一種由社會環境變化所引發的複雜心理狀態。

廣泛的來說，像是在日常生活中被壓抑的焦慮和沮喪、總覺得提不

3 俄烏衝突自二〇二二年二月二十四日開戰至今已超過一年，截至二〇二三年六月底仍持續中。

憂鬱情緒

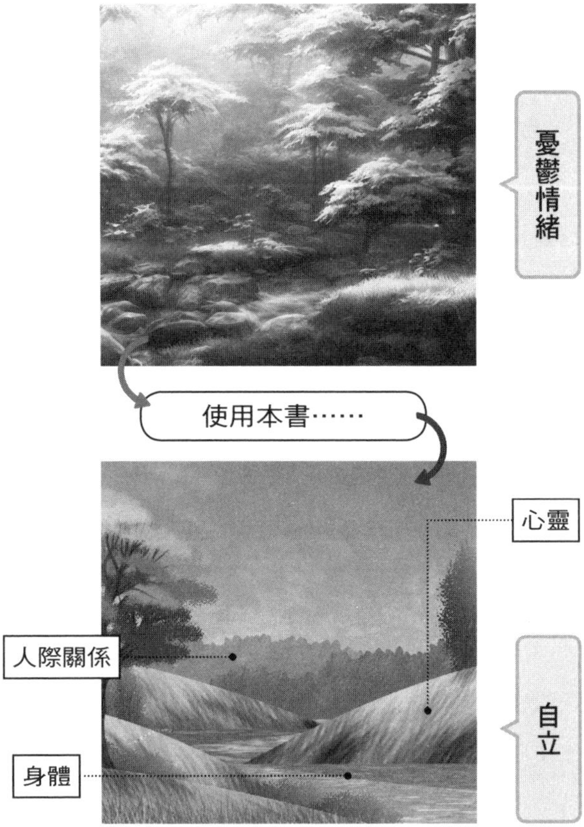

起勁，這類沒來由的鬱悶不安，全都算是憂鬱情緒。

接下來，我將試著用圖解為大家解說憂鬱情緒。

在右頁的上方圖表中，我們可以看到呈現陰鬱幽暗狀態的森林，那就是具像化的「憂鬱情緒」，也就是心情反覆在鬱悶不安與正常之間起伏不定的狀態。

「陰鬱」中既然有「鬱」，就代表如果狀況持續嚴重下去，最終就會變成「憂鬱」。

但是，陰鬱幽暗的森林原本也是由樹木、河流和山脈所組成，因此我們便需要透過整理，讓樹是樹、河是河、山是山，再來釐清自己的情緒。

而這個**「整理」的步驟，就是這本書的重點**。

大家可以將樹木、河流和山脈看作「心靈」、「身體」和「人際關係」。只要釐清混亂的心靈、身體和人際關係，最終就能看到最美的人生風景。

一直以來，我就是以此為目標，成功幫助許多人走出情緒的低谷。

4 太多事情我們都過度努力

那麼，為什麼我們的心靈會陷入憂鬱狀態呢？

這是因為，我們**對太多事情都有過度努力**的傾向。

大家知道《你想活出怎樣的人生？[4]》這本暢銷書嗎？

故事講述一位名叫哥白尼的少年，年少失怙與舅舅情同父子，在舅舅的智慧引導下，從中找到了生命的意義。主角最後藉由重視感受、思

4 吉野源三郎的小說，插畫家為羽賀翔一，而後由宮崎駿執導兼編劇、吉卜力工作室製作，改編成電影，在日本已於二〇二三年夏季正式上映。

考，以及勇於承認錯誤，克服了人生中的各種困難。

當時，一讀完這本書，我就想：「這不就是造成憂鬱情緒的心理機制嗎？」

什麼意思呢？

以感受為例，一旦過度了，就會變成憂鬱情緒；再持續下去，便會完全失去感受的動力，導致憂鬱症。

同樣的，一旦習慣過度思考，不久就會變得完全不想思考。而自我要求太高，也可能因為缺乏彈性變通，導致身心俱疲或自暴自棄。

勇於承認錯誤，也是如此。凡事一旦矯枉過正，會讓人變得無法包容或接納他人，甚至產生「反正我就是這樣」的負面情緒。

而這本書所收錄的，就是我在諮商過程中不斷實踐並獲得巨大效果的方法。

憂鬱情緒的階段

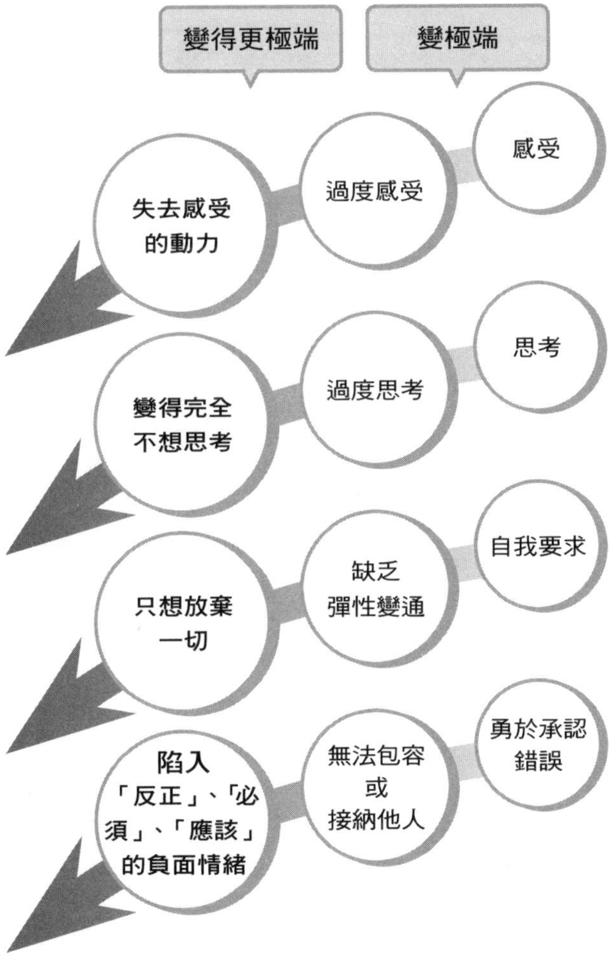
變得更極端
變極端
感受
過度感受
失去感受的動力
思考
過度思考
變得完全不想思考
自我要求
缺乏彈性變通
只想放棄一切
勇於承認錯誤
無法包容或接納他人
陷入「反正」、「必須」、「應該」的負面情緒

5 心理學家普拉奇克的情緒輪

憂鬱情緒最棘手的一點，就是難以自我覺察。為什麼？因為情緒本來就起伏不定。

在認識情緒之前，以下我們先來介紹「普拉奇克的情緒輪」。如下頁圖表所示，美國心理學家羅伯特・普拉奇克[5]（Robert Plutchik）將人類的基本情緒，分成八種基本情緒（圖中央），包括憤怒、期待、喜悅、信任、恐懼、驚訝、悲傷和厭惡；並由對立關係，延伸出不同強度的十六種情緒。

5 曾任阿爾伯特・愛因斯坦醫學院（Albert Einstein College of Medicine）榮譽教授，是情緒研究領域的大師。

普拉奇克的情緒輪

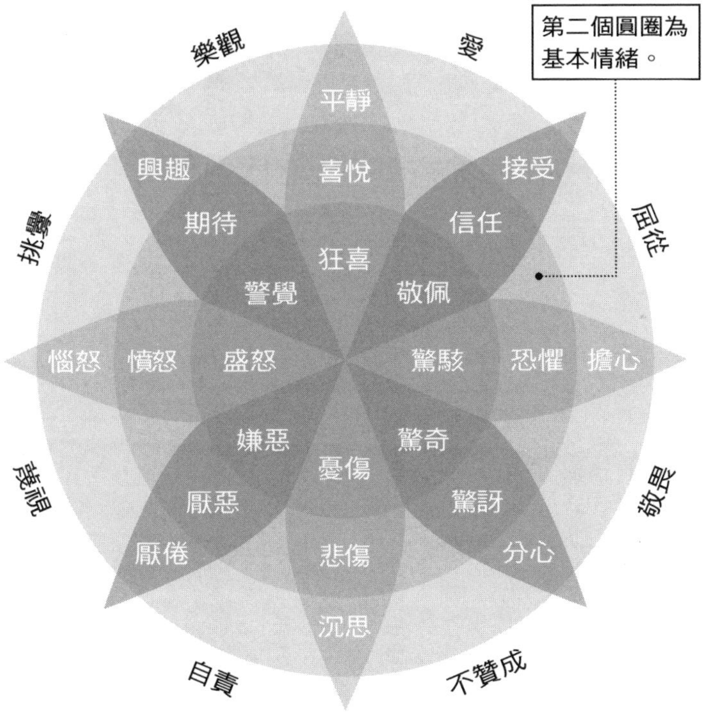

※ 每一層的顏色代表情緒的強度；在輪盤中央的情緒，較為強烈、黑暗，而外層的情緒則較為溫和。

而人的心理狀態，就是在這個情緒輪盤中搖擺不定。

主要有以下四個原因：

① 大腦科學機制

首先，人類的大腦會分泌荷爾蒙，讓我們產生豐富的情緒。例如，當我們充滿幹勁或感到幸福時，大腦會分泌血清素[6]（Serotonin）；反之，當血清素不足，則可能會造成憂鬱、焦慮。

換句話說，我們的大腦，原本就具備導致情緒不斷變動的機制。

② 社會機制

生活、規則及社會常識等，也是影響情緒的原因之一。

比方說，「訂婚戒指一定要名牌」、「長子必須繼承家業」等，情緒也會受到這種既定社會觀念所影響。

③個體發展

模仿（學習），是人與生俱來的能力。舉例來說，父母如果說中文，孩子自然就會說中文。

我將這種潛移默化稱作「血、知、地」。「血」是模仿父母，「知」是承襲知識，「地」則是生長的土地，而每個人的情感便是隨著個體人格發展而來的。

④進化的大腦認知機能

對未知的恐懼、反射性的閃避掉落的物體，這種容易受外界影響而產生波動的情緒，早就寫在人類的基因裡。

---

6 一種內分泌激素，因為與快樂、幸福的情緒有關，又稱為「幸福因子」、「快樂激素」。

以上的說明有點艱澀，但我想強調的是，情緒會受到許多因素的影響，因此很難一概而論。而且，我認為這種**情緒起伏，在現在這個時代又更為複雜了**。

例如，前幾年因為疫情，我們突然之間無法上學、沒了工作、失去親人或朋友⋯⋯這種過於極端及快速的情緒起伏，不僅讓人們遭受到前所未有的衝擊與壓力，甚至還會影響自律神經，導致身體出現各種狀況。

不只如此，現今還充斥著各種強烈與複雜的負面因子，例如無法分辨錯誤資訊，以及無處安放的不安。

因此，我希望，每個人都能正視自己目前所處的困境。

6 檢測你與憂鬱的距離

大家可能會覺得，怎麼看下來淨是負面的內容。但我認為，也只有明白憂鬱難以自我覺察，才能敏銳發現情緒上的變化。

換句話說，越是認為「我沒問題」、「我不可能得憂鬱症」的人，危險指數反而越高；從我的諮商經驗，也足以證明這一點。

因此，我為大家準備了一個自我檢測表，可以快速檢視出自己的憂鬱情緒程度。

如下頁所示，請大家先看看自己符合哪幾項。

憂鬱情緒的階段

- □ 心情低落的頻率變高。
- □ 一下子沮喪、一下子開心。
- □ 經常因為一點小事煩惱或受傷。
- □ 經常暴飲暴食。
- □ 食慾不振，不想吃東西。
- □ 變得嗜吃甜食。
- □ 體重增加。
- □ 腰痛及肩膀痠痛變嚴重。
- □ 經常肚子痛。
- □ 失去性慾。

□容易睡不好。
□經常半夜醒來。
□早上爬不太起來，有時會睡過頭。
□變得很不想上學或上班。
□中午之前很正常，一到傍晚四、五點，心情就開始低落。
□即使陷入低潮，周圍的人也不會發現。
□受到旁人的鼓勵，心情會不自覺的放鬆。
□突然提不起勁或感到很疲累，什麼事都不想做。
□突然變得想哭。
□只有做喜歡的事時，才能恢復精神。
□事情一不順利，就想責怪別人。
□莫名變得焦躁易怒。

□ 經常斥責部屬或孩子。
□ 開始在意旁人的言行或網路上的言論。
□ 感覺專注力下降。
□ 開始失去思考的能力。
□ 對事物專注有困難，例如閱讀書籍、報紙。
□ 必須花很長的時間才能下決定。
□ 做什麼都不快樂。
□ 對過去的喜好失去興趣。
□ 變得容易自責。
□ 事情一不順利，就開始責備自己。
□ 變得容易感到不安及焦慮。
□ 時常產生想死的念頭。

憂鬱情緒程度如下：
- **正常→0～7 個**
- **輕微→8～13 個**
- **中等→14～19 個**
- **特別注意（須進一步接受專家診斷）→20 個以上**

7 不用正面思考也沒關係

你的憂鬱情緒是屬於哪種程度呢？

除了自己以外，這張檢測表也能用來確認周遭人的身心狀態。

如果經常**出現莫名哭泣、容易疲倦、拒絕上學或上班等狀況，就是很明顯的徵兆**。

雖然部分症狀可能會因人而異，但只要持續一週到兩週以上，就要小心很可能是一種警訊。

不過，就算測試出來的分數很高，也沒關係。

只要能夠覺察到自己的憂鬱情緒，就代表你已經邁出自我療癒的第一步。

重要的是，了解並接納自己現在的狀態，以及思考如何改變現有的情緒，努力踏出屬於自己的步伐。

不需要刻意的正面思考，只要接納並理解處在鬱悶及不安當中的自己就好。

接下來，就讓我們開始釋放憂鬱情緒。

這些方法的效果有的非常即時，有的需要養成習慣，依個別情況而有所不同。

大家可以依照自身需求，隨意跳到符合自己狀況的頁數。

只要能理解自己、接受自己，並且與自己和平共處，那麼無論處在什麼樣的狀態下，你一定都能夠踏出改變的一小步。

序章總整理

- 憂鬱情緒是一種「有壓力，但還不到憂鬱」的負面情感。
- 憂鬱情緒會造成心情起伏不定。
- 透過調整心靈、身體及人際關係，就能適當解決憂鬱情緒的問題。
- 對許多事情過度努力（過度思考、過度感受、過度要求完美），是造成憂鬱情緒的主因。
- 由於情緒通常很難界定，因此自我覺察是與憂鬱情緒和平共處的第一步。

第 1 章

別讓你的堅強，變成無謂的逞強

1. 一早就開始憂鬱

Q

早上一起床，
心情有點 blue。

A

沒有任何事，
值得你煩惱。

1 若則計畫法，拿回人生掌控權

一早起床就心情不好，很可能是因為你的內心正被某種不安，或過去的負面記憶所占據。

當內心正處於陰鬱的狀態中，人會不由自主的鑽牛角尖，不斷產生「今天一定不會發生什麼好事」、「說不定又會被翻舊帳」等負面想法，因而讓情緒跌入谷底（按：亦即反芻思考[1]〔Rumination〕）。

這時，就要**先回到過去的原點，思考：**

「到底是什麼讓自己這麼憂鬱？」

---

1 指過度沉溺於某些負面情緒，或反覆想著過去的某件事。

也就是，探究情緒的根源。但要注意的是，不要探索得太深入，因為個性越認真的人，越容易陷在情緒裡，導致心情更加低落。就當作是傾吐心中的鬱悶，只要進行簡單的回想，找到讓自己一早心情不好的根源即可。

以我自己來說，我會**一邊聽著能提振心情的音樂，一邊回想**。然後，一派輕鬆的問自己：「我今天為什麼心情不好？」這是最有效的方法。當然，也可以一邊活動身體，或者趁著刷牙時順便回想。

接著，嘗試從客觀的角度去思考：

「那件事對我的人生真的那麼重要嗎？」

「我需要花那麼多心力去煩惱嗎？」

就像這樣，**仔細的去想：一早就心情不好，所帶來的好處比較多，還是壞處比較多**？由於往往是壞處比較多，所以即便只有比較好壞，心情也會輕鬆很多。然後，你就會發現——**沒有任何事，值得你煩惱**。

還有，關鍵的最後一步，就是提前規畫好**「在一天的最後，可以做些讓自己開心的事」**，這叫做「若則計畫法」（if-then planning），可以提升人的行動力。例如，「堅持做完這個，就可以〇〇了！」每天給自己一個計畫，就能加強對人生的掌控感。

回顧過去的人生，與自己對話並思考：「原因是什麼？」、「這種情緒能帶來什麼好處？」然後，你就會明白：「什麼嘛，其實根本不用想那麼多！」如此便能漸入佳境。

好心情小訣竅

一邊慢慢吐氣，一邊說：「我就是我，一定沒問題的！」或是試著握拳揮向天空並大喊出來，心情便會瞬間豁然開朗。

2. 做什麼都不開心

Q

對新事物或原本的興趣，
提不起勁。

A

將現在的心情
全部寫下來，為內心
創造「留白」吧！

2 寫情緒，快樂的、懊悔的都寫

對新事物或原本的興趣、喜歡的活動都不再感興趣，這種心理狀態一般與「創傷後壓力症候群」（posttraumatic stress disorder，簡稱PTSD）有關。

也就是，因為無法放下這些過去的挫折或傷心的記憶，因此逐漸對其他新事物失去興趣。

想要脫離這種內心毫無餘裕、鬱悶不安的狀態，就需要創造「留白」，讓新的事物有進入的空間。

首先，請暫時停下腳步，留出省視自己的時間：

「對於現在的我來說，什麼是最重要的？」

「什麼事會讓我期待、興奮？」

如此試著重新找回自己最重視的價值觀。

為內心創造留白的方法

❶ 將心裡正在想的事，以及讓自己感到快樂的事寫下來。

❷ 將心裡所有的負面情緒，例如懊悔等感覺也寫下來。

將內心所有的想法，包括正面與負面的情緒全部寫出來，能幫助我們清空心靈，從更客觀的角度看待自己。

就像整理抽屜一樣，當那些一團糟的思緒變得清晰時，心中自然會湧現出勇敢嘗試新事物的想法。

順帶一提，**人具有「看到空格就想填滿」的天性。因此，利用有方格的筆記本或練習簿，一吐心中的鬱氣，也能有效控制內心的情緒。**

記得，憂鬱情緒也有層次之分。

「我最近只是有點處於灰色地帶而已。」當你做什麼都不開心的時候，不如試著對自己溫柔一點吧！

好心情小訣竅

人生不是非黑即白，還有很多的灰色地帶。不要在意旁人的看法，努力接納自己吧！

3. 一到晚上，心情就變得很低落

Q

很討厭一到晚上，
就變得很傷感的自己。

A

別在深夜思考人生，
晚上也能有好心情。

3 別在深夜思考人生

明明白天都好好的，一到傍晚心情就陷入低潮，這其實是人類與生俱來的生理時鐘（Circadian rhythm，又稱晝夜節律週期），因為我們的體溫或體內荷爾蒙會隨著一天的時間而改變。

而依照晝夜節律的週期，負責踩煞車[2]的副交感神經會在傍晚開始活躍，並讓身體下達「應該放慢腳步」的指令。

所以，這時所感受到的沮喪等負面情緒，倒不如說是人類努力求生的本能。說得再簡單一點，就是身體在敲警鐘，告訴我們：「再不放鬆

2 主要負責讓身體休息、緩解壓力。

就危險了」。只不過如果無法控制已經產生的沮喪情緒，就會突然感到寂寞、胡思亂想，或是莫明陷入感傷。

換句話說，傍晚就是人們情緒容易起伏的時段。

這時，首先要做的是**「不要過度自責」**，並試著去理解：世上本來就有很多無法改變的事，如果總是負面思考，不就白白浪費自己的時間了嗎？

然後，告訴自己「今天就到此為止」、「晚上去吃最喜歡的東西」，**努力踏出自己的一小步，完成一個簡單的目標**。或者，也可以什麼都不做。怎麼說？

只要反過來利用這個機制，提前轉換負面情緒就可以了。

我的建議是，**前往明亮且人群聚集的地方**。因為當人的基本需求之一「愛與歸屬感[3]」（Love and belongingness needs）得到滿足，心情自然會放鬆。

既然知道傍晚之後的時間會讓人變得有些沮喪，不妨好好利用內心的生理機制，讓自己好過一點吧！

好心情小訣竅

如果心情變低落，就馬上去做其他的事吧！例如：打掃或洗碗，並鼓勵自己：「放心，沒事的！」藉此分散注意力。

3 源自美國心理學家亞伯拉罕・馬斯洛（Abraham Maslow）的需求層次理論，指親情、給予、與人交際、歸屬，以及結交朋友、友誼等需求。

4. 總是下不了決定

Q

每次想做什麼，
都會因為一些小事而
猶豫不決。

A

選項不要超過三個，
先做再說。

4 選擇變少，快樂就變多

明明只是無關緊要的小事，卻又害怕失敗，所以遲遲下不了決定……到底是為什麼？

這時可以反過來思考一下，只有內心足夠強大，對自己的能力充滿自信，才能不管做什麼都堅定不移。

換句話說，**人之所以會為一些小事猶豫不決，其實是因為自信心不足**，而下意識的認定自己會失敗，或是把未來想得很悲慘，讓自己處在不安之中。

更不用說，明明沒有任何人可以預測未來，卻拿過去的經驗一味的畫地自限，當然會猶豫不決。

另外，人在遇到對自己來說有些難度的關卡時，也會茫然不安。一旦感受到「大概不行」、「反正也不可能」的恐懼，即便只是一點小事也會躊躇不前。

這個時候，**最好的方法就是自行降低「選項」**。

美國心理學家希納．艾恩嘉（Sheena Iyengar）曾做過一項果醬實驗，他們在超市設置了試吃攤，一個提供二十四種口味，一個只提供六種口味，然後比較兩者的購買率。

結果，口味較少的試吃攤，銷售額竟是另一個攤子的十倍。由此可知，提供數量較少的選項，可適度減少決策時的困難。

所以，**如果發現自己為一些小事猶豫，只要列出三個左右的選項，就能降低選擇的門檻**。

如果是同時要做很多事，就從列出優先順序開始吧！

因為只在腦中想反而容易混亂，**因此我建議最好寫下來，以「1**

〇〇、2△△、3□□」的方式，寫成待辦清單。

雖然人會為小事猶豫不決，通常是因為無法自己做決定，但也不必為此感到灰心沮喪，只要加強自己的決策力就好。

只要持續訓練下去，除了能為自己創造選項，更能提升決策能力。

切記，完美主義只會把自己逼到死路。

所以，不需要跟別人比較，只要找到對自己來說的最好與更好，然後平常心面對這些情緒吧！

好心情小訣竅

「反正先做再說，不行還有下次！」不妨用轉換心情，促使自己採取行動吧！

5. 認為自己一無是處

Q

總覺得自己一無是處，
人生很無聊。

A

別把自己看得太重要，
別人其實也沒那麼
在乎你。

5 沒人在乎你，也沒人討厭你

在這個世上，有人擁有跟你完全相同的臉孔嗎？當然沒有。換句話說，你早已擁有不同於他人的價值。

那麼，**既然是完全不同的個體，自然不需要擁有相同的價值**。

再加上，**人本來就喜歡與他人比較**，而且腦神經科學已經證實，常常和別人比較還會產生各種歧視和差別待遇。

所以，問題也可以說是，大家都把自己看得太重要了。

要避免陷進這種負面情緒，我們首先要明白：「**別人沒有那麼關注你**」，並同時接受「別人也沒那麼討厭你」。

簡單來說，就是別人其實沒那麼在乎你。

所以，**不需要把太多的注意力放在別人身上，而是要重新找回自己的價值**。

人之所以會覺得自己很無趣，其實是一種自我否定。

一旦出現自我否定或自我厭惡的心情，接下來就會產生自我貶低的想法，並導致負面情緒逐漸積累。而且，之後還可能會引發自我攻擊的行為，不斷的透過自我否定、對自己落井下石，把自己逼到死角。這時，最有效的方法就是：每次都反問自己：「那是真的嗎？」對自我貶低做出反擊。

反擊自我否定的練習

❶ 只要浮現自我否定的想法，就把它寫下來。

❷ 針對那個想法，做出正面的反擊。

比如，當你的腦海裡浮現出「對方一定覺得我很無聊」時，就針對此想法做出反擊：「大家都只關心自己，不會沒事去管別人。」

這是以奧地利精神病學家維克多・法蘭克（Viktor Emil Frankl）提出的心理療法為基礎，可以有效培養情緒掌控能力的方法。

不管你再怎麼否定自己，你的心臟依舊在鼓動著，而身體也會因炎熱而流汗、因寒冷而顫抖。

不管別人怎麼說，光是好好活著，就證明了你存在的價值。

好心情小訣竅

即使你對人生絕望，人生也不會對你絕望，全世界只有你可以認同自己的人生價值。

6. 每天都感覺身體沉重

Q

身體總覺得沉重無力，也變得容易胖、疲倦。

A

寫下三件今天發生的好事。

6 寫下三件今天發生的好事

每個人都有身體感到沉重、既疲勞又倦怠的時候，但這種狀況如果持續超過一週到兩週，就需要特別注意了。這很可能是由於長期壓力導致免疫力低下，所引起的情緒低潮。

一般來說，當人感受到壓力時，體內會分泌皮質醇（cortisol）這種荷爾蒙，來應付壓力。只不過，皮質醇一旦分泌過量，就會造成自律神經失調，影響我們對食慾的控制力。

再加上，吃東西會刺激大腦分泌帶來快感、幸福的「多巴胺」（dopamine），導致食慾大增。

而且，人一疲累，也會因為更想吃甜食，而使糖分攝取增加，結果反而加深身體的疲勞感。因此，在這個惡性循環之下，體重便跟著直線上升。

就算知道不能暴飲暴食，但仍然控制不了想吃的慾望，這時首先要做的是：提高自我肯定感，讓內心的疲憊獲得排解。

三件美好的事

❶ 在一天的結尾，寫下三件今天發生的好事。

❷ 連續練習三週。

再小的事情都可以，比如「你現在還能呼吸」、「還有能力閱讀書籍」。**越是努力挖掘微小的美好，你的身上就會發生越多的好事**。

只要持續練習下去，就能大幅減少負面情緒、讓心情變輕鬆。如此一來，身體也就不再總是感到疲累。

好心情小訣竅

只要稍微改變思考的方向，內心自然充滿積極幸福的感受。努力享受小小的美好吧！

7. 明天不想上班、上課

Q

每到週日傍晚，
就會不想上班或上學。

A

為「抗拒」打分數，
找到不開心的源頭。

7 一到十，你今天的情緒幾分？

每當愉快的週末接近尾聲，就會莫名冒出不想上班或上學的念頭，這些憂鬱情緒也是因自我肯定感低落而產生的。

其實，一想到明天要上班、上課，內心便充滿抗拒，很多時候是我們平時過於關注周遭負面資訊所造成的。

因此，第一步要做的是：**在週日傍晚，不要瀏覽會刺激自己產生負向情緒的資訊及社群媒體**。

然後，最好盡可能的保持積極樂觀，並以正向思考吸收資訊，如此便能有效緩和內心的憂鬱情緒。

或者，也可以提前**為下週做好令自己既期待又興奮的各種計畫**。

當負面的想法被導正回來，心情自然會恢復平靜。

而且，在淨化周遭環境時，不僅能降低內心的負擔，也能使視野變得更開闊。

另一方面，有些人之所以不想上班、上學，其實其來有自。

例如：不想見到某個人，一想到對方就心生抗拒。可是，時間久了，卻又不得不去面對它。

這時，我們可以使用「**情緒量表**」（emotional scale），將內心抗拒的情緒轉換成具體的數值，接著再從客觀的角度去做評估。

情緒量表

❶ 請你回想過去人生中，最不安及恐懼的事，然後寫下來，並將這件事作為十分中的滿分。

❷寫下目前所感受到的負面心情，一到十分，你正在憂慮的事是幾分？

如此一來，即便是再討厭的事，你也能夠有機會正視自己的情緒，反而會想：

「跟之前最糟糕的時候比起來，其實也只有四分。」

「滿分是十分，如果只有六分，好像也不是不能解決。」

基本上，只要從客觀的角度去思考，情緒的痛苦指數通常會比想像中低很多。

也就是說——

這個**對你造成影響、不斷增加的憂鬱情緒，真正的源頭正是你**

自己。

所以，將自己的情緒轉化成數值，抓出問題所在吧！**當你不被情緒左右時，你就能掌握自己的行動。**

好心情小訣竅

所有的感受，都源自於你自己。不妨試著每天在鏡子前咧起嘴角，露出燦爛的笑容吧！人不是因為開心才笑，而是因為笑了才開心。

8. 害怕被討厭

Q

因為害怕被討厭，
所以不敢說真心話，
但看別人臉色，真的心累。

A

不要讓自己過得這麼
辛苦，因為所有人
都只關心自己。

8 建立自信的個人SWOT分析

為什麼不敢對身邊的人說出真心話？

這是因為，每個人都害怕一旦直接說「不」或是「做不到」，或許就會被認為是自私自利的人，或是影響到現在的工作或職位。

而這種「害怕被孤立」的恐懼，對於習慣群居生活的人類來說，其實是與生俱來的特質。因為大部分的人都害怕被他人拒絕及無視。

再者，對人類來說，能夠擁有一個安身之地，滿足內心的各種需求是很重要的。所以，當我們缺乏安全感的時候，往往會不敢說出真心話。

但是，過度壓抑反而會導致壓力越積越多，給心理造成負擔。

這樣的人不妨利用ＳＷＯＴ分析理論（SWOT Analysis，強弱危機分析），來挖掘自己的優勢。

我將以下方法稱為「個人ＳＷＯＴ分析」。

這個分析有四個項目，分別為「優勢」（strength）、「劣勢」（weakness）、「機會」（opportunity）與「威脅」（threat）。

個人 SWOT 分析

❶ 寫下你的優勢、強項、擅長的事（S）。

❷ 寫下你的劣勢、缺點、不拿手的事（W）。

❸ 寫下你今後可能獲得成長的機會（O）。

❹ 寫下你的威脅、帶來危機的人（T）。

只要依據上述四個要素，寫下自己的答案，那麼未來不管遇到什麼狀況，你都能擁有順利解決的自信。

很多人之所以不敢說出真心話，是因為心中有所恐懼。

所以，如果我們能夠將目光放在自己的優勢與機會上，並同時為劣勢及威脅做好準備，如此便能自信應對所有的環境。

另外，我也希望大家能明白，過度解讀他人的言行或察言觀色，幾乎沒有任何意義。

因為，**每個人都是用自己的角度，來看待及判斷事物。**

舉例來說，你心愛的狗狗過世了，你一定會深深的沉浸在失去的悲傷之中。但是，依然有很多人會覺得，「我母親最近去世了，失去一隻狗算什麼」。

如何？

你發現了嗎？

勉強去配合別人的心情，或察言觀色，結果卻讓自己活得很艱辛，對你來說一點意義都沒有。

好心情小訣竅

不要讓自己過得那麼辛苦，因為所有人都只關心自己。

9. 總是在忍耐

Q

不擅長和個性強勢的人相處，常因對方不好溝通，而選擇忍氣吞聲。

A

與其改變他人，不如改變這些「否定詞」。

9 認知重構法，否定句就會變肯定

在生活中，我們經常會遇到一些性格很強勢的人，並因此受到影響或是變得心浮氣躁。

尤其是面對公司主管、前輩或家長朋友，大多數時候，旁人都不得不忍受他們的言行。

但是，只是一味的迎合他人，你很可能會因為逐漸累積的不信任感，而對他人有越來越多的偏見。

即便有些人認為放棄溝通是更好的做法，但長期下來，也可能會累積無力感、空虛和憤怒，進而造成憂鬱情緒。

這時，為了保護自己的內心，我們便需要試著**改變心中的偏見，並**

將否定詞轉為肯定詞，也就是所謂的「認知重構」（Reframing，概念來自認知行為治療）。

例如，當對方性格強勢時，不要把焦點放在對方的強勢上，而是轉換思考：

「其實對方很會照顧人。」

「因為他對自己有所期待。」

肯定詞能提高自我肯定感，因此改變自己的偏見（＝否定詞），是保持正面思考最有效的方法。

基本上，我們沒有辦法改變別人，同樣的事情也還是會不斷的發生。然而，儘管如此，改變自己的角度依然很重要。

因為你的看法、感受及態度上的轉變都會影響潛意識，並使你的心靈不再受到他人左右。

換句話說，在遇到討厭的人時，如果能把對方當成是自己的貴人，那就更好了。

雖然這很困難，但我相信，只要願意持續下去，你的內心一定會變得越來越強大。

✦ 好心情小訣竅

人只能改變自己，努力掌控情緒，朝自己的未來邁進吧！

10. 無法向別人開口求助

Q

因為不敢開口求助，
而感到很痛苦。

A

你對誰都好，就是對自
己太差。你需要的是，
先同理「自己」。

10 換位思考的練習

首先，我希望你要明白，大部分的**人都不擅長向他人請求幫忙**。心理學有一個「五大人格特質理論[4]」（Big Five personality traits），根據研究，高度親和性的人，一般都具有樂於助人、善解人意的特質。反之，親和性低的人則較重視自己的利益，不願捲入他人的麻煩。

也就是說，很多人很有親和力，但因為怕給人添麻煩或是破壞現場氣氛，所以寧可自己獨自硬撐下去。

---

4 心理學家認為，有五大因素可以充分描述人的人格特質，分別是：開放性（Openness）、盡責性（Conscientiousness）、外向性（Extraversion）、親和性（Agreeableness）、神經質（Neuroticism）。

對於這種總是獨自努力的人，我建議可以**練習提高同理心**。也就是，把自己當作被求助的對象——將自己想要求助的事，反過來想像成是「別人向自己求助」。

例如，先在腦中想像「某人在某處，向自己尋求幫助」，然後再思考自己當下會如何感受。

如果換作是別人向你求助，你會覺得對方很沒用或是很任性嗎？一定不會吧，反而會盡量設身處地的為對方著想，並思考該如何幫助他。

如果經常做這種**換位思考的練習，就能提升對他人的同理心**。如此一來，也更容易開口向他人求助。

這項技巧也適用於解決人際關係上的問題。例如，從對方的角度觀察自己，思考：如果我是對方，會不會喜歡自己？

然後，你也許會發現「自己其實蠻努力的」，或者也可能因為自己的態度有點討人厭，而有機會改變自己。

好心情小訣竅

很多時候人都只想到自己，別讓你的堅強，成了無謂的逞強。
凡事不需要太過忍耐，偶爾粗心一點也沒關係。

第2章

人生既是此，也是彼

1. 莫名感到不安

Q

總是莫名感到不安，一看到負面的新聞，就更加不安。

A

每說一次負面用語，就說三次「幸福情緒詞」。

1 每說一次負面語，就說三次幸福語

首先，我們先來思考一下：不安有意義嗎？

事實上，根據科學研究，無論我們是靈光一閃或是深思熟慮，最終的結果都差不多（引用自國際棋盤理論〔first chess theory〕[1]）。

也就是說，**無論你是不安沮喪或平常以對，現實的結果都不會有任何的改變**。

所以，一旦冷靜下來，你是不是也發現，你和那件負面的事情基本上沒有什麼關聯？

---

1 從國際象棋理論（chess theory）延伸出來的說法，認為棋手不管是花五秒，還是三十分鐘思考，走法有八六％會導向一樣的結果。

正因為如此，**不需要為小事煩惱**。

這也正是我想傳達給大家的理念。

不要沉浸在不安的情緒裡，而是關注在當下發生的好事或值得感恩的事。

如此一個小小的動作，就能決定自己是「往上飛」或「向下掉」。

接下來，我再為大家介紹一個可以消除莫名不安的方法——**每說一次「負面情緒詞」，就說三次「幸福情緒詞」**。

光是這樣，就能提高自我肯定感，將不安切換到安心模式。

負面情緒詞

好忙、好累、怎麼辦、不要、好難、做不下去了、好麻煩、做不到、不想做、好辛苦、好痛苦、好無聊、不行、好衰、都一把年紀了、糟糕、反正、隨便。

幸福情緒詞

謝謝、很滿足、很簡單、我可以、試試看、加油、努力吧、挑戰看看、好快樂、好開心、好有趣、好完美、好美、還那麼年輕、好好吃、好棒、好漂亮。

❶ 先選出三到五個常說的負面情緒詞。

❷ 再選出三到五個幸福情緒詞。

❸ 每說一次「負面情緒詞」，就說三次「幸福情緒詞」，並藉此輕鬆轉換心情吧！

這個方法看似簡單，卻能快速打開幸福開關，讓心態變得正向，進而改變自我意識。

如果能將目前的感受，轉換成另一種全新的正向說法，所有的不安與疑慮終將煙消雲散。

✦ 好心情小訣竅

即便只是一件小事，也可能讓人感到不安，不妨用「幸福情緒詞」，改變自己對事物的接受方式吧！

2. 突然很想死

Q

覺得自己很孤獨，
會突然想「死了算了」。

A

因為與眾不同，所以
獨一無二。接納自己，
自由的活下去就好！

2 幸福就是你是你、我是我

過去的我，曾有三十五年的時間，都處在這種負面情緒中。所以，我非常清楚，長期處於憂鬱情緒會導致過度憂慮、緊張不安及鑽牛角尖，甚至容易引發恐慌和情緒失控等問題。

這就像你正在拼湊一幅全黑的拼圖，畫面卻沒有任何的留白，如果我們無法釐清自己內心的情緒，心靈無非也就失去了餘裕。

這個時候，很可能會突然產生「好像有沒有自己都沒差」、「說不定死了反而好」的念頭，從而導致輕生。

但與此同時，我們卻又**渴望得到別人的認同**。

因此，人在遭到拒絕時，往往會認為自己「被背叛」而指責對方，或是對一切感到絕望，並因過於沮喪絕望，進而失去客觀的角度。然而，也正因為只用非黑即白的眼光看待一切，所以總是做最壞的打算。

如果要避免讓自己陷入這種思考模式，就要**重新整理及改變身邊的環境**。

比如，更換房間的窗簾、收集喜歡的餐具等，為自己打造一個讓內心感到溫暖的環境。

當環境能讓自己放鬆下來，或許就會發現其實幸福就在身邊。

如此一來，陷入黑暗的心靈也能獲得一些空間，全黑的拼圖也會一片片翻轉過來，讓心靈得到解放。

原本一直被沒有人了解、被自我所捆綁的內心，也能重獲自由。

下面介紹的《格式塔之詩》[2]（Gestalt prayer），可以幫助大家找

---

2 由心理治療師弗里茨・皮爾斯（Fritz Perls）所創作，也是自然語言處理（Natural Language Processing，簡稱NLP）創始人，研究、模仿的四位大師之一。

回生命的能量。

每當內心感到深深的孤獨，就反覆的讀這首詩吧！你會發現自己的心靈變得輕盈，並同時感受到活在當下的自己是多麼美好！

《格式塔之詩》

我做我的事，你做你的事。
我在這世界不是為了要實現你的期望而活，
而你在這世界也不是為了我的希望而活。
你是你、我是我，
如果偶然的我們發現彼此，那很美好；
如果沒有，那也是沒有辦法的事。

和大家不一樣，並不是孤獨；正因為與眾不同，所以獨一無二。
當你能允許自己和別人不一樣，就能放下心中的執念。
請相信，你可以讓自己活得更自由。

好心情小訣竅

越是有尋死念頭的人，想要活下去的能量反而越強。所以，倒不如放輕鬆的想：「反正我就是這樣！」自由的活著吧！

3. 總覺得都是別人害的

Q

原本以為只要忍耐一下就好，
但還是無法抑制憤怒的情緒。

A

不要老說「反正」、
「可是」，練習為自己
的行為負責。

3 生而為人，你不必感到抱歉

「不管怎麼說，反正都會被拒絕吧！」

「可是對方那麼忙，拜託也沒用啊……。」

越是花費心思揣測別人反應的人，越容易勉強自己去做出選擇，結果常常忍耐到了極限，連情緒都失控。

我主辦講座時，經常有很多聽眾會以「當天要上班」為由，表示自己不能參加。

畢竟是工作，自然有很多事情無法自己決定，但我依然會告訴他們，其實「去」、「不去」，都是由自己決定的。

實際上，**我們的決定有九成是出於自己的意志**。

雖然有時也會受到周圍環境左右，但只要冷靜下來，你絕對有能力堅持自己的意見，做出自己想要的決定。

但習慣說「反正」或「可是」的人，卻很容易因此而產生罪惡感。所謂的罪惡感，就是常常覺得自己做錯事情，認為「都是我害的」、「都是我的錯」。

這種罪惡感一旦持續下去，不僅會對心理情緒產生影響，使內心逐漸變得麻痺冷漠，最後還會轉為憤怒，開始指責對方：「都是你害的」、「如果不是你的話」。

當你再也無法壓抑內心的憤怒情緒時，不妨試試第六十八頁提過的「情緒量表」，**將看不見的負面心情轉化成具體數值**。

將過去人生中所經歷過最憤怒的事，當作滿分十分，然後冷靜的為現在所感受到的憤怒做評估。

然後，你就會發現，跟最糟的時候比起來，現在也只有四分到六分，如此就能放下對別人的負面偏見了。

好心情小訣竅

生而為人，你不必感到抱歉。既然無法改變他人是事實，那就努力掌控自己的情緒，自在的活著吧！

4. 都是自己的錯

Q

因為和別人處不好，
對自己很沒有自信，覺得
「一切都是自己的錯」。

A

所有過去的煩惱，
都是為了成就更好的你。

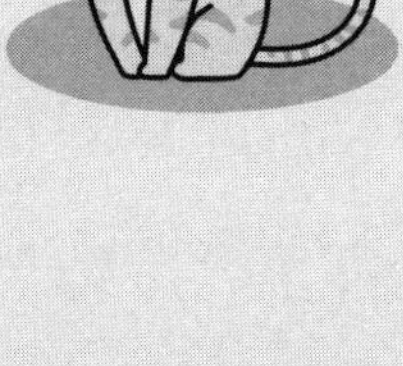

4 負面思考也會上癮

為什麼會覺得一切都是自己的錯？

這或許是因為，在一邊責備及貶低自己的同時，我們的內心深處反而鬆了口氣吧！

更確切的說，一切都是自己的錯，同時也代表著「你不想再做任何努力或是改變自己」。

而且，藉由貶低自己的能力，除了可以逃避責任、不必承擔任何決定和行動以外，還能獲得暫時的平靜。

只是，**這種負面思考具有成癮性，除了會消耗自我肯定感，也會對身心健康造成損害**。

最後，還可能將矛頭指向別人，認為自己之所以會變成這樣，都是別人的錯。

此外，過度滿足對方的期待，也可能逼得自己喘不過氣來。

只不過，如果對這樣的人說：「既然如此，為什麼不早點說？」他們反而會認為是對方「太過分」、「根本什麼都不懂」，如此反覆陷入他責思考。然後，在不知不覺中，默默的扮演起悲劇的角色。

然而，大多數時候，這些人**並不是真的無法原諒對方，而是無法寬恕對方的自己**。

如果你也是這樣，那麼，我希望你能知道，你不需要再拚命的為他人而活。在這個世界上，一定存在著毫無條件的愛情。比如我心愛的狗狗瑪麗，牠就根本不在乎我是活躍或是沉寂，只單純為了我的存在而開心。

如果拚命為了某個人而活，結果反而會傷害對方，那還不如把所有

的精力都用來照顧自己；你可以去做自己更想做的事，也可以想放棄就放棄。

重點在於，決定自己的人生。然後，也為了自己，原諒過去。沒問題的——雖然你深受人際關係困擾，但這個經驗必定能成為新的力量，幫助你邁向下一段的人生旅程。只要能原諒自己，過去所有的經歷，都將會是你人生當中最美好的禮物。

如此一來，不管未來如何變化，你都能懷抱著感恩的心情。

好心情小訣竅

「人生總會有辦法」、「沒問題的」，懂得適時轉換心情，其實更能珍惜自己。勇敢走向只屬於你自己的人生道路吧！

5. 想太多而睡不著

Q

總是因為想太多
而睡不著。

A

你不需要變很好，
也不必時時都喜歡自己。

5 你不需要時時喜歡自己

有憂鬱情緒的人，經常也會有失眠的問題。

比方說，他們會突然想起過去不好的事情，然後反覆想著當時的情景，導致負面情緒逐漸積累。

而且，由於大腦一直不肯下達「可以安心睡覺」的指令，結果不是輾轉難眠，就是即使睡著了，醒來後依舊昏昏欲睡。

這種狀態如果持續超過一週至兩週，體內的生理時鐘（請見第五十一頁）就會紊亂，並使身心的能量被削弱。

一旦精力及判斷力下降，接著就會在重要事件上出現拖延，發生問題也無法即時處理。最後，導致憂鬱情緒漫溢而出。

以我的經驗來看，這些人大多都是自我要求非常高的人。

因此，重點在於：不要對自己那麼嚴苛，有些事差不多就好。

你不需要變很好，也不必時時都喜歡自己。

經常會有人問我：「中島老師，你一定很喜歡自己吧？」在他們眼中，我大概是個十分正面積極的人。

但每次我都會這麼回答：

「不是的，有時候我喜歡自己，有時候又討厭自己；說實話，討厭自己的時候可能還比較多。不過，我也不會勉強去喜歡自己。我只想珍惜每一個當下的感受，像是『我好討厭自己』或『我好像還挺喜歡自己的』。」

人生總有好與不好的日子，我們唯一要做的，就是細心感受自己的情緒。

只要有人能理解自己的心情，我們就會感覺到被愛；像是疲憊的時候，如果有人能對自己說一聲「辛苦你了」，內心就會感到開心不已。

換言之，**擁有高自我肯定感，並不是永遠都正面積極，而是每次都能感受當下的情緒**。

除此之外，我們也能為自己創造一個容易入睡的環境。

例如：

- 不要在睡前兩小時自我反省。
- 明天的事，明天再說。
- 泡個澡，放鬆心情。
- 想像下一次的旅行。

- 只看開心的影片，不看會引發好奇的社群媒體。
- 挑選舒適的寢具等。

請試著寫下與衣食住等相關的具體細節，打造出自己最理想的就寢環境。即便只有睡前兩小時，但一年下來，也能得到大約七百零三十小時的開心時刻，整整一個月隨心所欲的美好時光。

✦ 好心情小訣竅

每個人的感受都不同，請試著打造自己最理想的居住空間，度過愉快的睡前兩小時吧！

6. 總是覺得很煩

Q

心裡老覺得很煩，
開心不起來。

A

就算失敗了，也不過是
人生中的一次失誤；
告訴自己：「這樣也好」、
「你可以的」！

6 替情緒踩煞車的咒語：「這樣也好」

長期處在憂鬱情緒下的人，很容易只將焦點放在自身的缺陷以及過去的錯誤上；而一旦思維經常變得負面，就會形成慣性且難以擺脫。這就是所謂的「情緒輪迴」。

在這種情況下，經常會讓周遭的人覺得：「你到底要煩惱多久？」、「為什麼你總是猶豫不決？」

於是，你會開始感到「根本沒有人了解自己」，然後內心變得越來越陰鬱，並為自己及身邊的人都帶來痛苦。

首先，**為情緒踩煞車吧**，並對自己說：「你不需要再壓抑自己。」

這裡有一句魔法咒語，就是「**這樣也好**」。

用這句話，接納並肯定自己吧！打開內心的枷鎖，告訴自己：

「**這樣也好。畢竟人生只有一次，何必那麼壓抑呢！**」

如此一來，原本因為想太多而躊躇不前，也會更容易獲得動力。接著，再告訴自己「你可以的」，給自己更多勇氣。

就算失敗了，也不過是人生中的一次失誤。不，應該說失敗是成功之母。用自己的步調，繼續朝成功努力邁進就好。

當想法變得正面，我們才能更積極的接納自身的優點。

✦ 好心情小訣竅

只有你自己改變，世界才會改變。凡事都是由小事累積而來，只要相信現在的你並勇於創造未來，心情就會如晴天般開闊。

7. 反正我就是這樣

Q

經常覺得「反正不可能」、
「反正我就是這樣」，
結果開始胃痛、長溼疹。

A

人生不是非此即彼，
而是「既是此，也是彼」。

7 一萬小時的天才理論

當一個人的內心處在壓抑的狀態，情緒會變得越來越負面。

每當有什麼事發生，就會下意識的說出「反正不可能」、「反正我就是這樣」。

然而，之所以會說出**「反正」，其實代表著一個人對自己不再有任何的期待**。

即使知道正向肯定自己很重要，但一想到未來一片黑暗，結果你還是傷害了自己。

有時，還可能造成內分泌失調，導致胃痛、溼疹或氣喘等各種不舒服的症狀。

事實上，人之所以總是將「反正」掛在嘴上，大多是因為用「非此即彼[3]」，也就是非黑即白的角度來看待事物（按：不是這一個，就是那一個，用來指自己別無選擇）。因此，只要一有什麼不順利，就會極端的認為「反正絕對不可能」。

反之，**對自己有足夠信心的人，則會認為船到橋頭自然直**。

即使失敗，他們也能正面思考，當成是對未來的累積。在他們眼中，世界「既是此，也是彼」，充滿了各種層次的色彩。

所以，你也要更柔軟的面對自己的人生，充分的理解「人生本來就有高山有低谷」、「這就是人類的本性」。

只要將看事情的角度，從「非此即彼」轉換成「既是此，也是彼」（按：譬喻凡事皆有可能），你的目光就會轉向美好的未來，思考也會變得更積極及光明。

再厲害的天才也會失敗。著名的「一萬小時天才理論」[4]就曾經指出，任何一項才能要成功，都需要至少一萬小時的練習。

由此可知，所有成功都需要時間和耐心，我們只須盡情享受充滿層次的美好人生即可。

好心情小訣竅

一定沒問題的，現在的痛苦，都是為了帶你走向幸福及成功。

3 出自丹麥哲學家齊克果（Søren Aabye Kierkegaard）的著作《非此即彼》（*Enten-Eller*）。

4 由諾貝爾經濟學獎得主赫伯特・亞歷山大・西蒙（Herbert Alexander Simon）和心理學家安德斯・埃里克森（Anders Ericsson）共同提出。

8. 討厭自己

Q

因太自卑及在意他人的眼光，結果什麼都做不了。

A

會自卑，
是因為你認真看待自己！

8 情緒亂，行動也會跟著亂

人之所以會過度在意自己的缺點，是因為潛藏在自己身上的「批判者」，在不知不覺中出現了。這個批判者會在背後在將原本小小的自卑，變成強烈的卑劣感。

然後，每當我們想做什麼，就會產生「一定不會順利」、「果然不行吧」的念頭，讓自己越來越不安。

也就是說，悲觀的想法會催生出負面情緒（卑劣感等），進而變成一種自我否定。最終讓自己動彈不得，無法做出任何積極的行動。

這時，就需要替換自己的情緒。

當情緒變混亂，行動也會被打亂。所以，如果反過來從行動開始改

變，**就能重新梳理混亂的情緒**。

具體來說，可以從打掃、丟掉不要的東西，或是完成身邊的小事開始。從各種行動著手，讓思緒得到梳理，進而注意到自己好的一面。

另外，我也希望大家明白，所謂的**自卑，其實不過是自己的偏見**。就像自然捲的人和直髮的人會互相羨慕一樣，只要去掉自己固有的偏見，原本的自卑也能變成一種優勢。

具體方法可參照第四十八頁的「為內心創造留白的方法」，從客觀的角度去觀察自己，一定會很有幫助。

自卑感越重，代表你越認真的面對自己。你應該為自己的勇氣而感到驕傲，然後帶著這股自信向前邁進。

好心情小訣竅

會自卑，是因為你真的已經很努力了，請對自己說聲：「我已經夠好。」

9. 總覺得一切都完了

Q

當事情不順，就忍不住
自我否定或是遷怒他人。

A

拿掉自己的有色眼鏡，
內心的選擇權
在你手上。

9 凡事總往壞處想，怎麼辦？

過度沉浸在憂鬱情緒裡，會讓人變得無法肯定自己，然後開始挑剔自己所做的每一件事。

而這些自我傷害，就如同戴上一雙情緒的有色眼鏡，不僅會讓自己獨自在黑暗中彷徨，也容易因為只看到別人不好的一面，而產生否定的情緒。因此，如果發現自己：「啊，我好像開始挑別人毛病了……。」要立刻反問自己：

「要怎麼才能讓自己好起來？」

「遷怒於別人，事情就會順利嗎？」

只要能站在客觀的角度，就能逐漸釐清原本負面的情緒，並冷靜判斷自己還能做哪些改變。

而且，隨著心情變得積極，想法也會轉向正面，進而打斷自我否定的負面循環。

以下是緩和自我否定的練習，可以讓你重新拿回人生的主導權。當自己被他人擾亂心情，或總覺得有點鬱悶時，就試著做做看吧！

緩和自我否定的力量

❶ 將忍不住想要否定及批評的人寫下來，貼在容易看見的地方。

❷ 對著名字說出下面兩句話，仔細觀察自己的心情。

「都是這個人毀了我的人生，爛透了！」

「多虧這個人我才能成功，感謝！」

說完「爛透了」之後，在不愉快的狀態下，再接著說「感謝」，更能意外發現對方的優點。

就算最後在對方身上還是找不到任何優點，你也能知道：「其實，這個人對我來說好像也不是很重要。」

這項練習只要堅持一週左右，就能削弱「自我否定↓否定他人」的負面循環，人際關係也會變得更輕鬆。

對你來說，拿掉有色眼鏡是再簡單不過的事，因為決定權完全在你身上。

記住，你擁有內心的決定權。

只要明白這一點，就能提升對自己的信賴程度，同時也增強對他人的信心，願意依賴對方。

好心情小訣竅

只要你想，人生隨時都能改變。「內心的選擇權在你手上。」
只要這樣想，就能安定人心。

10. 沒人理解我

Q

總覺得「沒有人理解我」、「每次吃虧的都是我」，一想到就會哭。

A

不要等著別人來懂你，先接納自己吧！

10 沒人理解的人生，才正常

請大家回想一下自己每天的例行活動。

例如上班，就是在規定的時間到公司、跟周遭的人打招呼、收發E-mail、確認工作、訂定計畫，最後執行……這麼一看，我們的行動幾乎都是在「回應別人的期待」。

沒錯，**我們早就花費了大把時間去回應別人的期待。所以，夠了。**

如果你覺得「每次吃虧的都是我」，這可能與別人無關，只是你的內心覺得累了。

所以，先好好慰勞一下自己疲憊的心靈吧！

以下介紹一個幫助我們放下心中委屈的練習。

- 在哪些狀況下，會讓自己覺得「沒有人理解我」、「每次吃虧的都是我」？
- 看著寫下來的內容，大聲說出：「好——我不幹了！」

實際練習之後，你就會發現自己所感受到的委屈，其實大多數都是自己想的。

例如，你覺得「沒有人理解你」，這本來就很正常；把自己心中的期望全部放在別人身上，那才本末倒置。

你為之傷神、一直希望能「理解你」的那個人，現在說不定正在看著搞笑節目哈哈大笑呢！

所以，不要被動等待別人理解你——**只要你願意接納自己，那就足夠了。**

好心情小訣竅

在這世界上，沒有人比你還了解你自己。
你值得用更多的時間，來好好理解自己。

第3章

鬆綁人生 所有的必須

1. 明明我都這麼努力了

Q

為什麼明明很努力，
卻得不到回報？

A

所有的經歷，
都是未來會更加美好的
證明。

1 明明很努力，人生依舊平凡

「明明我都這麼努力了……。」

你之所以會抱怨，是因為你真的已經很努力了。所以，請先對曾經那麼努力的自己，說聲「你真的很棒」吧！

雖然你自認努力沒有得到回報，但是，**努力本來就不一定能馬上獲得回報，甚至可能一無所獲。所以，不要把眼光放在當下的結果，而是放在努力的過程。**

周圍的評價或結果並不重要，重要的是，透過自我成長所得到的感受。

接著，我們就從奧地利心理學家阿德勒（Alfred Adler）的方法，來練習給自己勇氣吧！

獲得勇氣的條件 ※來確認一下自己能做到幾個！

□❶關注優點：不在意短處及缺點，只關注自己的長處及才能。
□❷重視過程：比起結果，更重視之前的努力及過程。
□❸承認不完美：擁有承認自己不完美的勇氣。
□❹停止比較：不再與他人比較，朝著自己設定的目標前進。
□❺溝通協調：重視每個人的個性，彼此接納、溝通協調。
□❻建立信賴關係：對他人展現無條件接納的態度。

此外，我也希望大家能知道，**任何的缺點都可能是強大的優點**。

現在的經歷必定能成為未來的養分，而所有的困難都有可能是下一個改變的契機。又或者，你甚至可以把這些當作「將來一定會發生好事」的預兆。

在此，不妨試試看第七十七頁曾介紹過的「認知重構」訓練。只要將原本的缺點轉為優點，就能將自己原有的潛力釋放出來。

認知重構訓練

寫下自己的三個缺點，並將之轉為優點。

例如：

❶ 經常半途而廢 → 對各種事物充滿興趣。

❷ 曾被批評狂妄自大 → 具備貫徹到底的意志力。

好心情小訣竅

所有的經歷，都是將來會更加美好的證明。
不是努力得不到回報，而是你永遠不知道：離成功是不是只差這一步。

2. 無法集中注意力

Q

對周遭聲音很敏感，
無法集中注意力。

A

敏感，從來都不是壞事，
而是你獨有的天賦。

2 敏感，從來不是壞事

對周遭環境的變化很敏感，是自我保衛本能較強的一種反應。但也因為，這代表你很善於察言觀色，以及為他人著想，所以更應該多加利用這項天賦。

根據美國心理學家依蓮．艾倫博士（Elaine N. Aron, Ph.D.）的研究，每五個人當中，就有一人是高敏感人[1]（Highly Sensitive Person，簡稱ＨＳＰ）。

接著，來測試一下你是不是屬於高敏感一族吧！

高敏感測驗 ※若有符合，請在方框內打勾。

- □ 很容易察覺身邊環境微小的變化。
- □ 經常被他人的情緒影響。
- □ 對疼痛很敏感。
- □ 連續忙碌好幾天後，會想躲到棉被或陰暗的房間等，可以獨處及避開刺激的地方。
- □ 對咖啡因很敏感。
- □ 容易受到強光、刺鼻氣味、粗糙布料和警笛聲的影響。
- □ 想像力很強，經常沉浸在幻想裡。
- □ 經常為噪音所苦。

1 指容易受到外界資訊刺激，對光線、氣味或聲音極度敏感的人。

□ 對藝術及音樂深有共鳴。
□ 個性善良真誠。
□ 很容易受到驚嚇。
□ 無法在短時間內處理很多事務，會陷入混亂。
□ 一旦有人感到不舒服，能立刻找到解決方法（例如調節燈光、更換座位等）。
□ 不喜歡一次被交付大量任務。
□ 會隨時避免犯錯或忘記帶東西。
□ 不太看暴力的畫面或影視作品。
□ 當身邊出現各種狀況，會變得焦躁不安、神經緊張。
□ 一空腹，就無法集中注意力或感到不舒服。

□ 只要生活出現變化，就會陷入混亂。
□ 喜歡優雅細緻的香氣、味道、聲音及音樂。
□ 在生活中，會盡可能的避免突發狀況。
□ 在與他人競爭或被觀察的狀況下，容易因為緊張而無法發揮實力。
□ 從小就被父母或老師說「個性敏感」或「內向」。

打勾的選項如果超過十二個，那麼，你很可能是高敏感人。

但不用擔心，這些特質其實是你的天賦，因為許多擁有強大想像力的創造家或藝術家，也都是高敏感人士。

好心情小訣竅

為了自己及所愛的人，不妨試著思考如何善用自己的敏感特質，做更多創意的發想。放心做自己吧！

3. 有太多事必須做

Q

比起自己想做的事，
更在意別人的看法，
覺得做自己真的好難。

A

丟掉「必須」和「應該」，先做你喜歡的事。

3 做「應該」的事，還是「喜歡」的事？

大家十歲時與三十歲時的當紅歌手，通常都不一樣吧？而所謂的社會常識，其實也會隨著時代汰舊換新。

今天的常識，明天的非常識。

說到底，常識不過是一種先入為主的觀念，為什麼會變成一種「必須」和「應該」呢？

這仍然是因為**不安、恐懼及過度憂慮的憂鬱情緒，降低了我們的自我肯定感**。

因此，我們才會找不到當下的目標，或是只看到自己身上的缺點；又或者是擔心自己可能做不到、一旦失敗就沒有機會，甚至是不迎合別人不行。

這時，就**優先去做自己「想做」及「喜歡」的事吧！**

然後，逐一的為夢想付出行動。

當然，我也很能理解，或許有人會覺得自己沒有時間，也沒有太多的餘裕，但是，**沒有人可以為你的後悔負責**。

所以，你只能盡自己最大的努力，度過不會後悔的人生。一旦決定付諸行動，就要承擔責任。

於是，失敗了會徹底感到「不甘心！」、成功了會「耶！」的打從心底高興。這種責任帶來的喜悅，是被迫採取行動的人所體會不到的。

與其因為不安，緊抓著「必須」及「應該」不放，還不如主動出擊，負起該負的責任，更能走向正確的人生道路。

接下來，我要介紹一個能讓你擺脫「必須」和「應該」，重獲自由的方法。

只要反覆練習，就能為自己的夢想付出具體行動。

當然，也能解放自己被常識所束縛的內心。

擺脫「必須」和「應該」，重獲自由的方法

❶ 寫下想做及喜歡的事。

❷ 訂定圓夢時間表。

❸ 不光只是寫下來，還要在一週內付諸行動。

想要獲得更美好的人生，就要捨棄「必須」和「應該」。

「自己的人生，自己決定。」

「放手去做自己想做及喜歡的事。」

改變就在一念之間，去享受更多更多的自由吧！

好心情小訣竅

只要以自己「想做」及「喜歡」的事為優先，人生就能盡情享受自由。

一輩子很久，人生不多一點刺激，怎麼會有趣？

4. 總感覺被什麼追趕著

Q

總感覺被什麼追趕著，
內心很焦慮。

A

試試想想：「就是它了」、
「好有趣」、「就去做吧」，
掌握自己行動的主導權！

4 最短的捷徑，就是繞遠路

在我為憂鬱症及各種身心症狀所苦的那段日子裡，總是因感覺自己被什麼追趕著而焦慮不已，過得渾渾噩噩。

又因為個性使然，所以很容易對既定的社會觀念及周遭產生不滿，或是一不順利就失落沮喪，甚至什麼都不想做，使情緒跌到谷底。

但是，三十五歲那一年，我回顧人生中少數幾次的成功經驗後發現，**最後得到好結果的，全都是依直覺做出的決定**。

每個令我感到開心的體驗，都是在感受到「就是它了」、「好有趣」、「就去做吧」之後，就立刻決定採取行動。

因為比起一直煩惱，憑直覺更能快速展開行動，自然也不會產生好像被什麼追趕著的焦慮感。

只要按照自己的步調並展開行動，就不會感到焦慮和不安。

就像挑選衣服，雖然當下看似在煩惱，但實際上心裡早就做了決定，之所以猶豫，只是想更確定一點而已。

可是，如果這時有人強力推銷不合自己喜好的東西，或是突然出現別的選擇，很可能就會因此搖擺不定。

然而，即使按照別人說的去做，結果卻違背了自己的意願，那最後不也只是為了別人而活嗎？

與其如此，由自己決定反而更輕鬆，除了可以發揮自己所學與專長，還能為自己找到成就感及充實感。如此一來，你的人生，就能綻放出幾千、幾萬朵專屬於你自己的花朵。

即便當下看起來像是在繞遠路，但聽從自己的直覺，一定能得到新的體驗，最後獲得的成果也會更多。

好心情小訣竅

最短的捷徑，就是繞遠路。相信你的直覺，激發潛藏在自己體內更大的能量。你一定會驚訝：「原來還能這麼做？」

5. 過度勉強自己配合別人

Q

因為不想撕破臉，
總是選擇配合別人，
結果卻讓自己身心俱疲。

A

不是每個人都跟你
一樣。不那麼成熟懂事，
你會過得更好。

5 不那麼成熟懂事，人生會更好

許多人深受伴侶關係及職場人際關係所苦，但其實這些人大多都是成熟懂事，謹守分寸又個性認真的人。

因為不想受傷，所以選擇什麼都不說，或是認為對方也是出於善意，因此總是配合對方。

結果，導致疲勞及不滿不斷累積，負面情緒變得越來越強烈，甚至進而責備他人。

但在指責別人的同時，內心卻又因為強烈渴望被認同——「我都這麼忍耐了」、「根本沒有人理解自己」，以至於到最後，常常因為覺得反正做什麼都沒用，而失去了人生的目標。

這樣的狀態一旦持續下去，很可能會更難踏出「舒適圈」（comfort zone）。

如果你現在就是如此，一定要立刻離開這種不對勁的狀態。

首先，在人際關係上，我希望大家能明白一個很重要的前提，那就是：**「不會有人跟你的想法完全一樣」**。

所以，拿出勇氣，誠實向對方表達你真正的想法和心情吧！

要不要踏出**舒適圈，關鍵在你自己。只要你願意改變自己的行動，舒適圈也會跟著改變**。

從我們出生的那一刻起，在汪洋人生大海中，每個人的旅程就已經開始了，而且充滿各式各樣的危機（傷害）。所以，我們當然不能一味的配合別人或隨波逐流。

不那麼成熟懂事，說不定更好。

相信自己「最後一定會順利」，不在意他人的眼光，朝著自己的目標勇敢前進吧！

好心情小訣竅

人生就像晴時多雲偶陣雨，總有不順心的時候。然而，越是如此，越要察看內在的指南針，勇敢的向前邁進！

6. 因為太緊張，什麼事都做不好

Q

一緊張，喉嚨就會卡卡的，
總覺得自己什麼事都做不好。

A

順從你的內心，相信
自己總有一天能做到。

6 會緊張，代表你認真對待

我從以前就是一個非常容易緊張的人。

而且，因為太緊張，常常感到很恐懼，滿腦子只想著該怎麼做才能逃離。

據生物學家指出，**生物遇到敵人（恐懼），主要有三種反應模式，分別是：「戰鬥」（fight）、「逃跑」（flight），以及「凍結不動」（freeze）**。

從這個意義來看，我總是選擇「戰鬥」模式。

但是，一旦選擇了戰鬥，下次面臨同樣狀況時，就會因為恐懼而變得更緊張；與此同時，也會出現呼吸困難、喉嚨有異物感的生理症狀。

在這種狀態下，不僅做什麼都不會順利，還會直接承受來自周遭的壓力，把自己逼到絕境。

在這種痛苦的狀態中，我不斷思考著：

「為什麼我會這麼緊張？」

「是不是我太過要求完美了？」

「還是我在不知不覺中想起了過去不好的回憶？」

然後，我突然明白了。

就算緊張，又有什麼關係？這本來就是人與生俱來的本能。

重點是，我有沒有能力掌控自己，做出「現在逃跑比較好」或「勇敢挺身應戰」的選擇。

而且會緊張，其實是因為你對每件事情都認真對待。

所以，我們都被自己給限制住了。

不妨試著告訴自己：「原諒過去的一切，放開讓自己不自由的所有事物吧！」

如此必定能重新找回強大自信的內心。

你不需要再拘泥於過去，也不必再讓自己被困住了。

蘋果（Apple）創辦人史蒂夫・賈伯斯（Steve Jobs）曾經說過以下這段話：

「不要讓別人的雜音淹沒了你內在的聲音，最重要的是，拿出勇氣順從你的心和直覺。它們最知道你真正想做什麼，其他的都是其次。」

所以，重視你內心的聲音。

想像自己順從內心的聲音，然後獲得成果、成功實現夢想；相信總

有一天你能成為自己所喜歡的樣子。

想像成功實現夢想的自己

❶ 你實現了什麼目標、過著何種生活、穿著哪些衣服、住在什麼樣的家？

❷ 如果你已經實現夢想，想對自己說什麼？

朝著只屬於你的未來，努力實現夢想吧！

好心情小訣竅

你是自由的，不管別人怎麼說、不管發生什麼事，都不要往心裡去。放下不自由的一切，徹底釋放自己吧！

7. 什麼都要自己做

Q

總是把事情往身上攬，
結果搞得自己很累。

A

依賴他人，
你才能成為一個讓別人
幸福的人。

7 向人求助，雙方內心都幸福

當一個人越忙、壓力越大，就容易陷入負面思考，非但不敢跟他人求助，還會不斷的自我批判：

「會給別人添麻煩。」

「必須自己想辦法解決。」

像這樣逼迫自己承擔一切、處在痛苦之中的人很多，但這種努力其實是錯的。

我也曾經因為不想給別人添麻煩，所以選擇一肩扛起所有事情，卻從未想過自己能否承受那樣的重擔。

如果你是這樣的人，首先應該知道：**「其實你可以依賴別人」**。

事實上，很少人會因為被依賴而生氣。因為大家都想對別人有幫助，因此如果有人依賴自己，通常會覺得很開心。這在「自我肯定感」中，被稱作「自我效能感」（Self-efficacy）。

也就是說，當你向他人求助時，其實透過滿足對方的自我效能感，能讓他們感到幸福。

這令我印象非常深刻，因為當我發現，「原來向人求助也是在幫助別人」時，整個心情也就放鬆了。

無論是工作或是私事，只要願意向旁人求助，說不定很快就能找到解決辦法。

向他人求助的方法

❶ 寫下私事上能求助的熟人或專家。
❷ 寫下工作上能求助的前輩、後輩及專家。
❸ 寫下當自己為人生煩惱時，可以學習參考的名人。

最重要的是，學會依賴別人。我們不需要獨自彌補所有的不足，懂得依賴他人，才能成為一個讓別人幸福的人。

好心情小訣竅

不管是誰，都能依賴別人，不要怕跟別人提出要求或請求。

8. 臉書、IG，越用心情越低落

Q

每次在網路上
看到別人過得很好，
就會覺得自己很沒用。

A

把嫉妒
當作成長的動力。

8 臉書、IG，越用心情越低落

人是透過學習而成長的生物。所以，透過比較來滿足成長欲求其實是人的一種天性。雖然，有些人會因為比較而陷入沮喪，並產生否定的感受，但是「比較」並非壞事。

說到底，這只是一種自然的反應。重點在於，我們如何坦然接受當下沮喪的狀態。

有時，不如把它視作一種自我成長的機會，例如：「真好」、「我也要加油」或「要怎麼才能變得那樣」。尤其是，**自我期待越高的人，越會與他人比較**。

所以，如果發現自己很羨慕別人，**不要當成是對他人的嫉妒，而是**

要以「有上進心」來看待。只不過，一定要記得：比較這件事其實沒有任何意義。

就像看到高個子的人覺得羨慕，基本上也改變不了什麼，不是嗎？

這時，應該要更進一步的思考：自己有哪些個人魅力？

因為適時的比較，有時會讓人更有動力去挖掘自己的魅力，並獲得更大的啟發。

切記，**不管是「那個人好棒」或「好不甘心」，都是很重要的情緒**。因為，當人深陷憂鬱情緒時，連比較的欲望都會消失殆盡。

然後，就再也看不到自己的可能性。

還有一點就是，你所羡慕的那個人，其實是與你擁有完全不同特質的兩個人。

雖然透過比較獲得更多成長動力是件好事，但如果因此而滿懷嫉妒或貶低自己，那就完全沒有必要了。

你就是你，是獨一無二的存在。

消除比較的方法

❶ 與他人比較時，試著感受你覺得羨慕的地方。

❷ 投入那個場合或狀況，盡情的去體驗。

如何呢？當你處在與對方相同的狀況，你的人生是不是彷彿有了巨大的改變呢？

其實，在網路上看到別人過得很好，一定會產生嫉妒的心情。但是，就算做同樣的事，你真的會感動嗎？

大概不會吧？因為，每個人的感受方式和思考都不同。**所以，因比較而產生負面情緒，是完全沒有任何意義的。**

好心情小訣竅

從今天開始，接受「這就是你」！

9. 因為看到別人更糟而安心

Q

看到別人過得比自己差，
居然感到有些安心。

A

不要用別人的標準，
來評估自己。

9 輕拍額頭對自己說：「我很努力了！」

人類是擁有豐富感受的生物，然而這也代表著我們很容易受到別人的影響。

因此，如果身邊的人都過得很辛苦，你卻無動於衷，這很可能是因為你的負面情緒過於強烈所致。

此外，因為看到別人過得不好而感到安心，這也代表你是用「別人」的標準來評估自己，很容易失去自我。

所以，你需要的其實是：藉由認同自己，增加安全感。

不妨透過「自我關懷」（Self-Compassion）的訓練，對自己更體貼、更溫柔一點吧！

自我關懷訓練

❶ 在最近的八小時內，請想想有哪些事能讓你轉換心情？

❷ 訂定實際執行的時間。

❸ 執行之後，能恢復到何種最好的狀態？無論何時何地，都要溫柔接納當下的自己。

同時，用撫觸的方式刺激大腦中負責思考的額葉（Frontal Lobe，負責語言的表達），讓它產生安心及放鬆的感受。

- 輕輕拍打額頭（額葉）。
- 同時閉上眼睛，說七次：「你很努力了。」

也要慰勞自己，告訴自己：「你真的已經很努力！」

好心情小訣竅

只要懂得重視自己，就能接受原原本本的自己，並提升人生的滿意度。必要的時候，隨時給自己一些時間放鬆吧！

10. 因為看不慣別人而生氣

Q

經常因對別人的言行焦慮，
而忍不住冷嘲熱諷，
導致人際關係不好。

A

對方讓你感到焦慮，
你得先謝謝他。

10 焦慮不會壞事，反而能成就好事

你在什麼時候會介意對方的缺點？

什麼時候會感到焦慮，忍不住冷嘲熱諷？

其實，**你之所以會感到焦慮，往往是因為對方踩到你內心的某個部分。**

那很可能是你的情緒、價值觀，或是某個你所重視的人事物。

也就是說，你是因為這些事與自己的情緒或價值觀相互牴觸，才導致內心變得混亂。

我是屬於很有決斷力及行動力的人。所以，每次看到別人遲遲無法做出決定或付諸行動，還是會忍不住將自己的情緒及價值觀強加於對方身上，並因此感到焦慮及不耐煩。

但如果因此讓自我肯定感變低的話，很可能從此就只會看到對方不好的一面。

這時，不妨**將這份焦慮，視為擴展人生更多可能性的契機**。這點很重要，因為對方或許能讓你看到生命中更多的可能，以及擴展視野。

所以，**焦慮反倒是件幸運的事**。你可以藉機審視自己為何會焦慮，並練習如何控制自己的情緒。秉持這種中立的態度，就不容易被旁人的言行左右，而且隨時都能立即付諸行動。

抱有憂鬱情緒的人，就像人生一直踩著煞車；但是，反過來說，也代表他擁有足以踏入任何領域的力量。

雖然對別人刻薄或不耐煩並非好事，但是，會產生焦慮情緒的人，倒不如說他們其實擁有提升自己的巨大潛力。

好心情小訣竅

每當你對別人感到焦慮或不耐煩時，記得說：「謝謝你讓我看到全新的價值觀。」於是，你的人生便能開啟全新的一扇門。

第 4 章

不是脆弱，
而是真的受傷了

1. 就是做不到

Q

明明知道這樣做不好，
卻還是改不了。

A

欲望的背後，
其實潛藏著你的
優勢和熱情。

1 欲望這種東西，越執著越高漲

或許，你只是被所謂的常識給困住了。

當你越覺得「應該停止」、「必須停止」，就越自責「為什麼我就是停不下來」，這就是人性。

但是，人本來就具有欲望。如果一味的只想壓抑並認定這是「錯誤」的欲望，也可能因此否定了潛藏於其中的熱情。

當然，這也要看欲望的種類，如果是**你很喜歡、引頸期盼的事情，就不必勉強自己去壓抑**。

此外，越是被禁止，反而讓人越想去做。

比如，一直想戒菸，要是太過執著於結果，往往很難成功。

但是，如果抱著**「其實戒不戒都無所謂」**、**「偶爾吸一下也還好」**的想法，可能會有意想不到的效果。

我過去曾經有一段時間非常沉迷於賭博，就是莫名的執著於一天一定要贏一次。

直到某一天，我突然覺得「好像不贏也無所謂」、「贏不了也沒關係」，原本十分強烈的渴望，居然就這樣慢慢的淡掉了。

欲望這種東西，越執著就會越高漲。所以，**解決方法就是保持「怎樣都無所謂」的平常心**。

有這類困擾的人不妨試著練習發洩情緒。例如，**用比平常更大聲的聲音說話、到海邊或山上大聲吶喊**。或者，也可以去附近找個地方，盡情的唱自己喜歡的歌。

這個練習非常有效，可以在不知不覺間卸下束縛住自己的枷鎖。

當一個人不斷壓抑欲望，通常會伴隨著自我否定的負面情緒，因此需要靠自己的力量去控制並消化。

所以，展現更真實的自己吧！

在當下，你會發現所謂的常識，只是自己單方面給的束縛而已。**如果是真的打從內心喜歡，那麼不必停止也沒關係，甚至可以大喊一聲「我喜歡」**。然後，你就會知道自己有哪些優勢及熱情。而要如何運用那個優勢，也完全操之於己。

好心情小訣竅

欲望的背後，其實潛藏著你的優勢及熱情。為了自己，不妨將它展現出來。最真實的你，一定可以不停的向上成長。

2. 對自己很廢感到厭煩

Q

什麼事都做不好，
一想到自己這麼糟糕，
就感到很絕望。

A

沒有比較，沒有傷害！
先跟一年前的自己比吧！

2 跟一年前相比，我變了多少？

每當無法壓抑「反正我就是這樣」的感受時，請想想：跟別人比較讓自己陷入沮喪，到底有什麼意義？

基本上，從出生開始，每個人都擁有不同的性格及環境。但是，大家都在好與壞、成功與失敗等比較中，變得越來越痛苦。

這樣的人，即便從資優班一路考上一流大學，最後進了一流企業，依然會覺得「念哈佛的人更厲害」——比較心態不減反增。

這種思考真的完全沒有意義。

比起這些，**思考「自己完成了什麼」，這才是最重要的**。你要知道，你擁有的是與他人完全不同、獨一無二的美好。

因此，重新拿回對自己人生的掌控權吧！因為羨慕別人而陷入絕望，很多時候只是你想要沉浸在自己的悲劇裡而已。

阿德勒心理學也說，「我們可以決定自己的人生」。既然如此，**何不跟一年前的自己比較？**——這一點更重要。

跟一年前的自己比較

與一年前的自己相比，增加了哪些優點？

請試著列出三個。

首先，發現自己的優點。然後，更重視自己的人生吧！

好心情小訣竅

跟一年前相比，你絕對多了一個優點，那就是——想要改變現在的自己。

3. 因回憶而感到痛苦

Q

會突然想起過去的事，
搞得自己很痛苦。

A

你真的盡全力在面對了，
不要再反省自己。

3 我以為我已經放下，但沒有

你心中的創傷會因過去的痛苦記憶而加劇，**這代表你一直都很努力著，要熬過這般痛苦掙扎的人生**。所以，你需要認同並接納自己，一切才能重新開始。

此外，我希望大家能了解，只有自我肯定感低落的時候，才會再次讓你陷入過去痛苦的回憶。

而每一次的回想，都會刺激到過去的痛苦經歷，並加深內心的恐懼及傷痛。

因此，這時最需要保持平靜，並告訴自己：「我現在狀態不好，所以才會變成這樣。」

只要能從客觀的角度去看待自己：「那只是過去的回憶」、「是我的自我肯定感變低了」，內心自然就能恢復平靜。

就像這樣，將痛苦的回憶當成一般的情緒來處理就好，不需要再為此自責了。**情緒再洶湧，就把它當作曾經發生過的一件事就好**。

情緒就如同脆弱的玻璃，很容易因為反覆想著過去的事，一不小心就變成一地碎片。所以，當痛苦的回憶再次襲來，你可以試著把這些情緒當成易碎品，避免自己情緒失控。

不過，畢竟遭遇創傷已是既定的事實，所以如果會不時回想起那些痛苦，在某種程度上來說，也是無可奈何的事。

重要的是，當過去那些痛苦記憶再次甦醒，一定要告訴自己：「代表這件事真的對你很重要」、「你真的盡全力了」，然後將這些情緒徹底放下，更加的重視自己。

經常被困在負面情緒中的人，可以嘗試第六十頁的「反擊自我否定」的練習，我把這個過程叫做「消除反省」。

消除反省的練習

❶ 只要浮現自我否定的想法，就把它寫下來。

❷ 針對那個想法進行正面反擊。

如果能夠卸下內心的枷鎖，你一定能更順利的消化自己的情緒。

好心情小訣竅

出現負面情緒時，可以詢問自己：「真的是這樣嗎？」

4. 常常哭到停不下來

Q

不知道為什麼，有時
突然會莫名就哭了……。

A

不要計算自己
有多少不幸，尋找值得
感謝的三件小事。

4 剛剛還很正常，下一秒就掉眼淚

太過投入之後突然放鬆、覺得自己一直遭遇不幸、無法控制情緒——這些時候，都會突然掉下眼淚。

此外，周邊環境的改變、氣候變化，甚至是日落時分，太陽緩緩落下時，也會讓人容易失去自信。

上述這些都是由於**自我肯定感**、**自我信賴感低落**，**導致情緒不安定**的關係。在這種情況下，會讓人陷入負面思考的循環，然後不斷的對他人產生嫉妒、怨恨及憤怒的情緒。

然而，在面對任何艱難時刻，如果只將焦點放在痛苦的事情上，心情自然會變得難以控制，且容易掉淚。

經常出現這種狀況的人，需要養成找回自信的習慣——**不要將眼光放在自己的不足之處，而是放在「好的地方」，並對身邊事物保持感謝**。

感謝是世上最強的能量，不僅能緩和你的不安、帶來幸福，還能同時使你的內心變得正向積極。

練習找到感謝種子

❶ 寫下三件值得感謝的事（至少持續三週以上）。
（例如：現在還在呼吸、午飯很好吃、工作順利完成。）

❷ 每到週六，對兩個人寫下感謝的話語。
（例如：感謝孩子，為我帶來勇氣，感謝〇〇支持我。）

雖然和第六十四頁的「三件美好的事」有點類似，不過這裡要練習的是：寫下三件「值得感謝的事」。

再小的事情都沒關係，每天都一樣也無妨。此外，上一頁提到的時間雖然設定在週六，但實際可依個人狀況而定。

每天在身邊尋找感謝的種子，每週一次就好，練習把感謝的心情傳達出去吧！

如果能在人生中不斷尋找感謝的種子，而不是計算自己遭遇的不幸，就更能注意到自己好的地方。同時，也能獲得「我一定能做到」的自信。

如此一來，相信就能找回讓自己安心的所在，以及恢復內心原有的狀態。

好心情小訣竅

比起感到不安、不滿及恐懼，不如試著找到當下的幸福，內心就會逐漸變得充實、滿足。

5. 無法停止暴飲暴食

Q

只要心情鬱悶不安，
就忍不住吃太多，
或是會偏頭痛。

A

只有勇於面對自己，
才能減少心中的不安。

5 一遇到挫折，就想大吃大喝

當一個人過度自責、凡事要求完美或無法遵守約定時，內心自然會產生動搖。

這時，除了自我肯定感會下降，心中還會湧現出一股難以抹滅的罪惡感——不管做什麼，都覺得自己是錯的。

如此一來，可能就會為了緩解情緒而暴飲暴食，或是產生自律神經失調、引發偏頭痛等身心症狀。

當這種內心的鬱悶及混亂再也抑制不了時，我們就必須好好重新面對問題的根源。

練習消除內心的紊亂

❶ 寫下造成內心鬱悶及混亂的原因。
❷ 從這些原因當中，找出是否對自己有所幫助。
❸ 為了避免再次發生，寫下自己現在可以做哪些事？
❹ 接著，寫下自己可以過何種快樂的生活。
❺ 寫下十年後你所期待的未來，做成「未來預想圖」。

透過❶到❸，我們可以從各種角度向自己提問，將自己所重視的事物具體的描述出來。❹到❺，則能增加自己對未來的期待。

❺的「未來預想圖」，就是將自己覺得「有趣」、「想進行的挑戰」或「想成為的人」等夢想寫下來，並將自己所憧憬的形象及景色，貼在板子或筆記本上。

當然，也可以依理想中的生活方式、夢想居住的地方，以及身邊周遭人、沿途所遇見的風景，貼上各式不同的照片；或是思考自己想成為什麼樣的人，貼上名牌服飾等相關物品的照片。

接著，再把這個貼滿「如果能這樣就好了」、「一定要挑戰這些事」的目標或夢想的板子，放在隨時可以看到的地方。如此一來，你的目光自然就會放在：如何才能接近這些夢想的機會。

對未來的感受一旦改變，心情就會變得更積極。

感受改變了，行動也會跟著改變。

就算不能百分百的實現，但是在接近理想的過程中，必定會有新的邂逅，而且隨著能力及技巧得到磨練，也能讓你得到正面的成長。

無視內心的混亂及動搖，並無法解決任何事。

「自己的心為什麼會混亂？」

「今後到底想怎麼做？」

只有將心結逐一解開，才能朝著充滿可能性的未來邁出第一步。

好心情小訣竅

原諒自己並不是縱容，而是正向面對自己，解開內心的糾葛。

6. 總是口是心非

Q

一直不敢說出真心話，還曾因為壓力太大，導致肩頸痠痛。

A

可以不說真心話，
但一定要做自己。

6 朋友說我是雙面人

習慣隱藏自己的真心話，看似是自我防禦，其實反而代表著一個人不夠重視自己。即便一開始只是抱持著「與其受傷，還不如做好表面工夫」的想法，但久而久之也會心生委屈。

而這種負面思考不僅會造成壓力，還可能導致肩頸痠痛。

想要消除這種壓力爆棚的狀態，不妨試著將轉換心情的方法逐一條列出來：

- 寫下目前自己所感受到的壓力。
- 將可以消除這些壓力、轉換心情的方法條列出來，然後隨時帶在身上。

轉換心情的方式因人而異，當你**將消除壓力的方法寫下來的那一刻，就代表你已經有自我調節的能力**。

只不過，這裡要注意的是，「重視自己」並不代表自私自利或不顧他人、完全放縱自我。

在了解自己真正想法的同時，還能確實的掌控自我，這才是真正重視自己的行為。

也就是說，努力發現自我，一邊與周圍磨合、一邊採取行動——只有這樣，你才能找回既充滿韌性又強大的自己。

好心情小訣竅

所謂的重視自己，是依據自己的信念與價值觀而活。
不要被自我困住，提高你的價值吧！

7. 不想再和任何人見面

Q

害怕跟別人說話，
也不想接電話、
回 E-mail 或訊息。

A

人生有時候，需要一點
自我感覺良好。

7 今天不想跟任何人說話

社交恐懼的原因有很多種，有可能是過去有不好的回憶，也有可能單純是憂鬱情緒所造成的。

只是，當負面情緒來襲時，不僅會使心情變得低落，也會加深心中的不安，讓自己彷彿被關在不見天日的籠子裡。

這麼一來，即便只是一通電話或 E-mail，也都會讓人產生壓力。

這時，我們就**需要建立能掌控自我情緒、讓內心保持安定的自我肯定感**。

首先，請試著梳理處在陰鬱狀態的內心，然後試著接納自己所擁有的優點。

練習找到你的優點

❶ 思考自己喜歡、擅長或已完成的事，然後寫下來。
❷ 將自己所有的優點排出順序。
❸ 分別將前三名的理由寫下來。
❹ 反覆唸出來，接受這些正面的自我評價。
❺ 為了養成習慣，至少一週一次、持續兩個月。

只要進行一次，就能有效淨化內心。

此外，**將所有的優點排出優先順序，也能發現自己心中真正重視的人事物**。

如此一來，獲得自信的你，就不會再那麼容易被他人左右。

堅定的肯定自己，但要小心不要過度自我感覺良好，導致眼界狹隘。

請試著找回心理健康的平衡吧！

好心情小訣竅

掌握自己的優點，不只能得到自信，因為更容易看到別人好的一面，人際關係自然也會變得順利。

8. 很討厭某個人

Q

一想到某個很討厭的人，
然後越想越氣……。

A

再勉強相處下去，
只是浪費你的時間。

8 不是所有的人際關係，都要維繫

雖然我可以理解因為不想輸給讓自己生氣的人，所以不肯放下自尊心或是發誓絕不低頭。但是，一想到為此浪費的內心能量以及人生的時間，不覺得很可惜嗎？

繼續跟這個人勉強相處，你的不滿只會不斷累積。不只你的自尊心用錯了地方，繼續維持這種空虛的人際關係，還會降低你的自信，甚至打亂原有的人生道路。

人際關係，決定了你人生的品質。

人生很短，不應該因為人際關係而拉低自己的幸福感。為了提升你的人生，不妨試著改變這種不想認輸的想法。

或是藉由這個機會，多認識讓自己舒服自在的人。
然後，有意識的為自己建立良好的人際關係。

找到全新相遇的方法

❶ 將自己的目的寫下來，從中挖掘新機會。
例：減肥 ↓ 做瑜伽。
例：學英文 ↓ 參加英語教室。
❷ 以自己的興趣，評估志工活動，從中找尋機會。
例：保護流浪狗 ↓ 遇到與自己喜好及目標符合的人。
例：地方社團 ↓ 遇到充滿好奇心的人。

之所以會提到志工活動，是因為人原本就具有「想幫助他人」的欲求，而透過社會貢獻等活動，朝向共同的目標邁進，往往更能創造出頻率相近的環境。也就是說，志工活動是擴展人脈最好的方法。

總之，如果退讓就能斷開眼前負面的人際關係，對你來說反而更有價值。

抱著「吃虧就是占便宜」的心態稍微退讓，之後就趕緊跟對方拉開距離吧！

好心情小訣竅

與其整天想著討厭的人，還不如努力建立各種新的人際關係，才更能提高你的人生價值。

9. 好想人生可以重來

Q

不擅長人際交往，
好想一切都能從頭開始。

A

溝通就像練肌肉，
多說就對了。

9 從跟店員打招呼開始

溝通能力是人際關係的基礎，所以，我們首先要努力訓練並提升溝通能力。

沒有人天生就很會說話，或許遺傳多少有些影響，但只要身邊有溝通能力良好的人（例如父母），這個能力其實是可以靠後天努力而來的。

也就是說，有些人很會說話，只是因為有好的環境。

既然知道這一點，就來好好鍛鍊一下吧！

溝通能力訓練

❶ 列出十個較好搭話的人，然後試著跟他們聊天。
❷ 請這些人分別再介紹十個人，讓你繼續跟更多人聊天。
❸ 以六個月、一百人為目標，練習聊各種話題（可以事先決定聊動畫或電影等喜歡的主題）。

肌力不是一天就能鍛鍊起來，溝通能力也一樣，所以，以「六個月、一百人」為具體目標，確實的提升能力吧！

一開始，可以先跟店員打招呼，只要持續努力跟他人對話，就能有效減少抗拒心態。

就算對方態度不好，說不定也是一個好機會。可以試著問自己：「那對我的人生有深刻的意義嗎？」或許就會發現自己根本沒必要沮喪，也沒什麼大不了。

不斷累積經驗之後，相信不管是誰，都能鍛鍊出絕佳的溝通能力。

好心情小訣竅

對話的第一步，就是「試著站在對方的立場」。然後，盡情享受跟很多人溝通的樂趣吧！

10. 因對方而傷心

Q

為別人「說了這種話」、
「沒察覺自己的心情」而失望。

A

你再生氣，
別人也不會改變。

10 你的現在，終將會成為過去

我們經常會對別人產生「為什麼？」、「怎麼會？」的質疑，或是認為自己是被害者。

然而，此時很可能是因為你的人生沒有明確的目標，並且充滿不安；同時又被困在過去的記憶裡，導致無法決定往後該怎麼生存下去。

雖然**把責任全部怪罪到別人身上很簡單，但是，我們的人生最終還是必須走下去**。

再怎麼怪罪對方、發洩心中不滿，那個人也不會改變，只會逐漸降低你自己的自我肯定感。

所以，你現在應該做的，是堅定的主導並創造自己的人生。

然後，再次將意識放在自己的目標，以及與生俱來的好奇心。

如何活成自己喜歡的樣子

❶寫下十個自己喜歡、擅長的事。

❷選出三個對自己未來人生有幫助的事。

❸規畫出行動藍圖，並具體思考：何時、何地、和誰、去哪裡、有什麼具體目標。

什麼是行動藍圖？例如最近想去旅行，就可以想像「〇年〇月〇日，和誰去某地，會怎麼享受旅程、獲得哪些體驗」等，事先做好詳細的計畫。

當然，計畫一定會有所變化。

但是，事先做好計畫並試著描繪未來，會更容易實現自己喜歡及擅長的事。

而且，**只要不受他人情緒影響，專心致志的朝著目標前進，就能大幅提升人生的自由度及快樂**。

此外，具體訂定目標，不僅能改變行動，同時也更能調節自己容易混亂的情緒。

心動不如立刻行動——就從「現在」開始吧！

好心情小訣竅

你的「現在」，終將會成為過去。所以，好好享受當下吧！

結語

所謂的幸福，就是在跨越每個人生的坎之後

我總是告訴大家**「一切都會順利的」**，因為，即使當下看似遭遇了不幸，也可能是幸運用另一種形式來到我們身邊。

我們只要知道這一點就好。

這麼一來，正在艱難處境中苦熬的人，一定能找到全新的自己，並且堅定的一步步走向全新的人生道路。

而到最後，人生往往只有兩種結果：可能與不可能。

既然如此，無論當下的情況如何，當我們選擇相信一切都會更好

時，才更有機會擴展人生。

所謂的幸福，就是人生的積累，是在跨越每個人生的坎之後，你才會發現自己原來很幸福。

當你拿起這本書，就代表你已經擁有了全新的自己、全新的人生，和全新的希望。因此，你現在所感受到的憂鬱情緒，都將成為豐盛未來的養分；就用你最真實的原本的模樣，一邊追求喜歡的事，一邊快樂的走下去吧。

你的人生，一定能夠好好的。

為了讓感到不快樂的人能變得積極，積極的人能更享受人生——如果這本書能成為一個小小的契機，會是我最大的榮幸。

「我在這世界不是為了要實現你的期望而活，
而你在這世界也不是為了我的希望而活。」

——《格式塔之詩》

Think 256

做什麼都不開心時……

想到「做點什麼」就覺得累，紓壓放縱後反而低落？鬆綁你人生中的「我應該」與「我必須」。

作　　者／中島 輝
譯　　者／楊詠婷
責任編輯／黃凱琪
校對編輯／許珮怡
美術編輯／林彥君
副總編輯／顏惠君
總 編 輯／吳依瑋
發 行 人／徐仲秋
會計助理／李秀娟
會　　計／許鳳雪
版權主任／劉宗德
版權經理／郝麗珍
行銷企劃／徐千晴
行銷業務／李秀蕙
業務專員／馬絮盈、留婉茹
業務經理／林裕安
總 經 理／陳絜吾

國家圖書館出版品預行編目（CIP）資料

做什麼都不開心時……：想到「做點什麼」就覺得累，紓壓放縱後反而低落？鬆綁你人生中的「我應該」與「我必須」。／中島 輝著；楊詠婷譯. -- 初版. -- 臺北市：大是文化有限公司，2023.08
224面；14.8×21公分. --（Think；256）
譯自：自己肯定感が高まる うつ感情のトリセツ
ISBN 978-626-7251-94-2（平裝）

1. CST：心理衛生　2. CST：自我肯定

172.9　　112005730

出 版 者／大是文化有限公司
臺北市100衡陽路7號8樓
編輯部電話：（02）23757911
購書相關資訊請洽：（02）23757911分機122
24小時讀者服務傳真：（02）23756999
讀者服務E-mail：dscsms28@gmail.com
郵政劃撥帳號：19983366　戶名：大是文化有限公司

法律顧問／永然聯合法律事務所
香港發行／豐達出版發行有限公司 Rich Publishing & Distribut Ltd
地址：香港柴灣永泰道70號柴灣工業城第2期1805室
Unit 1805, Ph. 2, Chai Wan Ind City, 70 Wing Tai Rd, Chai Wan, Hong Kong
電話：21726513　傳真：21724355
E-mail：cary@subseasy.com.hk

封面設計／FE設計
內頁排版／顏麟驊
印　　刷／鴻霖印刷傳媒股份有限公司

出版日期／2023年8月初版
定　　價／新臺幣360元（缺頁或裝訂錯誤的書，請寄回更換）
I S B N／978-626-7251-94-2
電子書ISBN／9786267328231（PDF）
9786267328248（EPUB）

本書提供之方法僅供參考，如有相關心理諮詢問題，請洽專業心理師諮商。